LA PAREJA SENSUAL

La pareja sensual es una obra que le dirá por qué el placer sexual es un derecho natural y cómo las frustraciones, el estrés, entre muchas otras situaciones, inhiben ejercer ese derecho y consecuentemente el llegar al punto más placentero y feliz en la relación sexual: el orgasmo.

Gracias a sus consejos y técnicas de vanguardia, la Dra. Ruth ha enriquecido la vida sexual de infinidad de parejas que se encuentran agradecidas por la sencillez y claridad con la que despeja dudas y acaba con mitos y tabúes acerca de la sexualidad humana.

Con *La pareja sensual* déjese llevar hacia la felicidad.

DRA. RUTH K. WESTHEIMER /
DR. LOUIS LIEBERMAN

LA PAREJA SENSUAL

OBRA PUBLICADA
INICIALMENTE CON EL TÍTULO:
Guia de los placeres eróticos y sensuales - Dra. Ruth

SELECTOR
actualidad editorial

SELECTOR
actualidad editorial

Doctor Erazo 120
Colonia Doctores
México 06720, D. F.

Tels. 543 70 16 - 682
536 30 31

LA PAREJA SENSUAL
Dr. Ruth's Guide to Erotic and Sensuous Pleasures

Traducción: Verania de Parres
Diseño de portada: José Luis Guzmán
Ilustraciones de interiores: Eduardo Martínez Rivera

ISBN (inglés): 1-56171-035-0
ISBN (español): 968-403-852-6

Décima primera reimpresión. Agosto de 2002

Para el miembro más reciente de nuestra familia, Ari Chaim Einleger, un hermoso nieto cuya sonrisa es motivo de bienaventuranza para mi hija, Miriam, y mi yerno, Joel Einleger. También para mi esposo, Fred, y mi hijo, Joel, con amor y aprecio.

R.K.W.

Para mi hijo, Joel David Lieberman, quien continuamente me enorgullece. Y para Mary (María) Cuadrado, la mujer de mi vida.

L.L.

"Mi amado es mío y yo soy suya. Él está pastoreando entre los lirios. Hasta que respire el día y hayan huido las sombras, da la vuelta amado mío; sé como la gacela o el cervato sobre las montañas de la separación."

El Cantar de los Cantares 2:16-17

"Adán tuvo coito con Eva, su esposa, y ella concibió..."

Génesis 4:1

Contenido

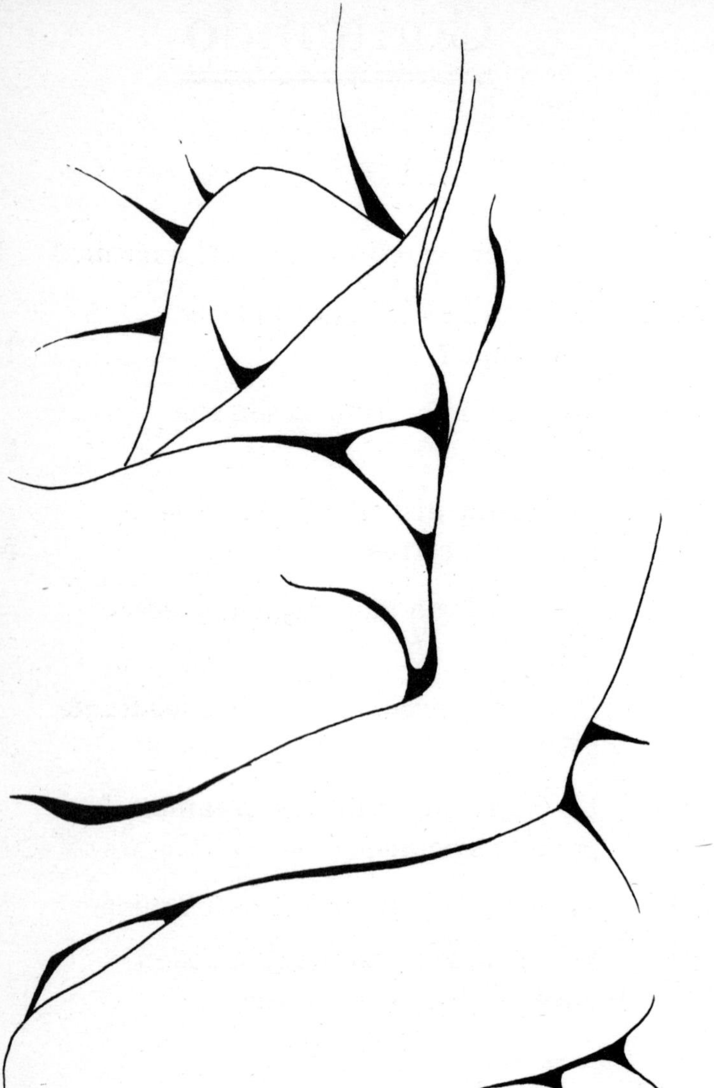

CAPÍTULO
1

El placer sexual es su derecho natural

"¿Otro libro sobre sexo? ¿Quién lo necesita? ¿No existen suficientes en el mercado?" Estas interrogantes nos las plantearon algunos amigos a quienes les confesamos que estábamos planeando un nuevo libro. Estas son preguntas concretas y los amigos siempre merecen una respuesta. Así que a ellos y a usted les respondemos de la siguiente manera:

- *Sí, pero este es un libro sobre cómo mejorar el placer sexual;*
- *Ustedes son quienes lo necesitan, y*
- *Sí existen muchos libros sobre sexo, pero ninguno aborda el tema como éste.*

El objetivo de este libro no es ayudarle exclusivamente a resolver alguna dificultad o problema sexual. Esta obra está dirigida a usted, aunque no tenga ningún problema de este tipo y sólo desee mejorar la calidad de su respuesta orgásmica, o la de su pareja.

Otra característica de este libro es que a través de él pretendemos llegar a varios tipos de personas. Por ejemplo:

- ✔ *Ciertas personas, debido a su educación, tendrían graves dificultades para consultar a un terapeuta sexual y confesarle que tienen un problema sexual.*
- ✔ *Existen hombres y mujeres con problemas en sus relaciones sexuales y que no quieren tocar el tema con su pareja; por ejemplo, una mujer que finge orgasmos. Asimismo, les preocupa que su pareja descubra que han consultado a un terapeuta sexual.*
- ✔ *Hay gente que no puede procurarse los servicios de un terapeuta o clínica sexual porque generalmente éstos son caros.*
- ✔ *También hay quienes evitan consultar a un terapeuta sexual porque ocultan cosas de su pasado o presente sexual —como el hecho de tener un amante.*

Por tanto, consideramos que este libro no se puede comparar a las guías de terapia sexual ni a los manuales sobre sexo que existen en el mercado. A pesar de que la principal aportación de esos textos es propiciar que el individuo se "ayude a sí mismo", suponemos que el motivo de muchas de las disfunciones sexuales aparentes puede radicar en la falta de habilidades eróticas. Lo que parece un "problema" sexual, para algunas personas se reduce al hecho de que no existe estimulación erótica suficiente.

Este libro fue escrito con el fin de ayudarle a usted a convertirse en un ser más sensitivo y a responder eróticamente con mayor eficacia como parte del proceso para disfrutar una buena vida sexual y superar cualquier dificultad que sobre el tema usted o su pareja pudieran tener.

En un principio, la idea es ayudarle a mejorar la calidad de su vida erótica, aun antes de considerar la posibilidad de que *usted* tenga un problema sexual. Lo más seguro es que descubra que no tiene problemas sexuales tan serios como piensa tenerlos. Antes de trabajar en cualquier disfunción sexual, primero intentaremos asegurarle una mayor competencia en el manejo de su vida erótica y proponerle las condiciones que darán lugar a las respuestas sexuales que usted es capaz de brindar.

Esto nos lleva a un punto muy importante, ya que, si lo que propugnamos no le funciona, le sugerimos que consulte al médico o terapeuta apropiado y calificado. Algunos problemas requieren distintos tipos de atención y tratamiento de los que cualquier libro pueda contener. Siempre debe tener presente que este libro no es la última instancia a la que puede recurrir. Si un paciente piensa que el terapeuta "es el último recurso", es mejor que no se lleve a cabo la terapia. Habría tanta presión sobre el cliente y el terapeuta, que ningún método de tratamiento podría aplicarse con eficacia. Esto es aún más cierto si trata de obtener ayuda de un libro. Primero, debe creer que la ayuda es posible. Pensamos que la esperanza y el optimismo son factores importantes en cualquier relación médico-paciente. Así que tome conciencia, en algún sitio existe ayuda para usted, y precisamente aquí, en esta guía, usted podrá adquirir los conocimientos necesarios para obtener mayores placeres eróticos y sensuales.

¿Por qué hemos titulado a este capítulo "El placer sexual es su derecho natural"? Porque muchas mujeres y muchos hombres no se dan la oportunidad de tener placer sexual. En ocasiones ellos se sienten incómodos en cuanto a su sexo, porque no piensan que sea correcto. Este problema quizá acompañe a otro problema que un hombre o una mujer pueda tener y es particularmente en la mujer donde predomina esta situación. La cultura occidental siempre ha mostrado mucho recelo hacia las mujeres con fuertes deseos sexuales, inclusive si está casada y el deseo es sólo por el marido.

Hasta hace algunas décadas, una mujer con fuertes deseos sexuales que no era incitada por su marido, era susceptible de ser considerada una "ninfomaníaca". Este término vago y ahora obsoleto era aplicado a toda clase de situaciones en que los deseos de una mujer tenían su origen en lo más profundo de su ser y cuando la necesidad de satisfacción orgásmica la hacía ser más agresiva de lo que se suponía eran las mujeres. Como consecuencia, se provocó que muchas mujeres experimentaran sentimientos de culpabilidad acerca de algo por completo natural. Inclusive Freud, con tanto ingenio como el que tuvo, sostuvo el tan común punto de vista cultural de que *se suponía* que el hombre debía encargarse de la estimulación sexual de la mujer, despertar su excitación erótica; en cambio, la mujer no debía tener estos fuertes sentimientos por cuenta propia.

Por supuesto, el problema radicaba en que Freud trataba con pacientes que ya estaban "enfermos" y generalizaba su conducta. Aun hoy en día existe cierto riesgo cuando los médicos clínicos hacen amplias generalizaciones basándose sólo en sus pacientes. Además, Freud no contaba con los datos fisiológicos de que ahora disponemos, los cuales se basan en la gran labor que Masters y Johnson realizaron, hace más de veinte años, así como en las significativas contribuciones de Helen Singer Kaplan.

Algunas personas son afectas a opinar sin fundamento y para esto, se basan en la religión, propiciando en las mujeres un sentimiento de culpabilidad respecto al sexo, pero frecuentemente la sociedad es responsable en gran medida de la antisexualidad, más que las enseñanzas religiosas por sí mismas. Sabemos que muchas mujeres fueron educadas con la idea de que sólo las niñas "malas", "sucias" o "pecaminosas" experimentan instintos y relaciones sexuales antes del matrimonio. ¿Pero qué les sucedía a las jóvenes "decentes" que tenían pensamientos eróticos? A menudo empezaban a sentirse culpables por estos pensamientos, tanto, que estos fuertes mensajes de represión sexual prevalecían en su vida conyugal. Como lo señalamos en nuestro libro anterior, *Sex and Morality: Who Is Teaching Our Sex Standards*? (Sexo y Moralidad; ¿Quién nos enseña nuestros estándares sexuales?), no es que el mensaje de las religiones occidentales sea básicamente antisexual, sino que la manera en que se presentaba a la gente joven comenzó a distorsionarse durante el periodo victoriano, de modo que muchas personas empezaron a consagrar su antisexualidad bajo los largos mantos de la religión.

Pero afortunadamente para nosotros, en la década de los noventa contamos con la información social, científica e histórica para poner la antisexualidad en tela de juicio. Cuando pensamos en el desprecio de la "Letra Escarlata"* por la sexualidad durante el periodo puritano en los Estados Unidos, por ejemplo, podemos ahora comprender la necesidad de preservar la unidad de la familia y mantener la disciplina personal ante el algunas veces caótico medio norteamericano. Así, hablando en nombre de la religión del viejo continente, la gente se quejaba de todos los aspectos de la libertad sexual que podían resultar en hijos fuera del matrimonio, enfermedades venéreas, adulterio y demás.

A partir de este mecanismo de control social se incrementó la culpabilidad sexual, ya que si una mujer experimentaba excitación erótica antes o fuera del matrimonio, ella pensaba: "debe haber algo mal en mí, porque al caminar por la calle pienso en el sexo". Pero veamos más allá de las actitudes norteamericanas. Si echamos un vistazo a las antiguas sociedades occidentales (como los griegos) y a las sociedades orientales (como los chinos, japoneses e hindúes), encontramos una vasta aceptación del erotismo natural de la mujer.

También sabemos que muchos hombres y mujeres desarrollaron sus vergonzosos sentimientos de culpabilidad acerca del sexo desde su temprana infancia, dado que sus padres los castigaron por masturbarse. Este tema lo analizamos en el libro *Sex and Morality* (Sexo y Moralidad), donde señalamos que en ocasiones dicho castigo provoca una pobre imagen propia y corporal durante la adolescencia que a menudo prevalece en una vida futura, contribuyendo a generar problemas de disfunción sexual. Pensamos que es importante que las personas se sientan cómodas tocando su cuerpo y no mostrarse

*N del T.-Estigma que sobre el vestido estaban condenadas a portar las mujeres adúlteras.

"temerosas" en cuanto a localizar sus áreas erógenas más sensibles y comunicar esta excitación sexual a su pareja.

Hablando de parejas, ellas agregan otra dimensión de sentido a nuestro capítulo "El placer sexual es su derecho natural". Debido a que la actividad sexual, excepto la masturbación, es un acto interpersonal, el derecho de su pareja es obligación de usted. Está obligado sicológica y físicamente a estar en la mejor de las disposiciones para ofrecer y recibir el máximo de placer. Por supuesto, sólo estamos hablando de personas que *deciden* tener relaciones sexuales y que le otorgan un gran valor al placer sexual. Algunas personas pueden elegir un tipo de vida en celibato o inclusive un matrimonio con poco o nada de sexo. Esto puede ser perfectamente aceptable y saludable para ellos, pero este libro está dirigido a la gente para la que el sexo es una parte importante de sus relaciones interpersonales y su vida emocional. De tal manera, una vez que ha tomado esa decisión —y esperamos que tenga relaciones sexuales sólo después de una elección razonada más que por una pasión arbitraria, estupor o presión—, tiene la obligación de construir una relación sexual feliz y satisfactoria. La estabilidad de la familia y el compromiso de criar hijos saludables y felices, es obligación de todos quienes somos padres. Muy a menudo, el no expresar la insatisfacción sexual provoca que las parejas lleven su cólera de la recámara al resto de la casa, de igual modo que existen personas que llevan la ira de algún otro sitio a la recámara, generando como consecuencia una mala experiencia sexual. En cualquiera de los casos, le ayudaremos para que mantenga el estrés y la cólera ajenos a su relación sexual amorosa.

Sabemos que algunas personas pueden sentirse nerviosas, cohibidas o inclusive tontas al considerar llevar a la práctica los distintos tipos de ejercicios que sugerimos en este libro —en especial, si crecieron con fuertes sentimientos negativos en cuanto al sexo, el cuerpo, tocarse a sí mismas y hablar abiertamente sobre detalles sexuales. Todo lo que podemos decir es: "lea este libro y ponga en práctica sus consejos".

Sabemos que muchos hombres y mujeres no pueden adoptar diferentes conductas sexuales como un medio para desarrollar una mejor experiencia sexual. Sugerimos, por tanto, diversos pasos, comenzando con los que le harán sentir más cómodo. Luego pasaremos a actividades que puede desarrollar para ayudarse a apreciar su cuerpo en una forma no sexual. Después sugeriremos la forma en que puede utilizar más directamente ayudas sexuales que mejorarán su interés y conducta erótica. Finalmente discutiremos cómo puede atacar el problema sexual que *piensa* tener.

¿Podemos garantizarle que con este libro resolverá todos sus problemas? ¡Por supuesto que no! Algunos de ustedes quizá requieran trabajo adicional con un terapeuta, y esperamos que para cuando hayan terminado de leer este libro cuenten con el discernimiento suficiente para saber si necesitan consultar a un especialista. Incluso en ese caso, este libro les habrá ofrecido algunas habilidades eróticas adicionales con qué trabajar y los conocimientos generales para la terapia.

Este libro permitirá a la mayor parte de ustedes superar sus problemas sexuales básicos e incrementar su placer sexual, sin importar su situación presente.

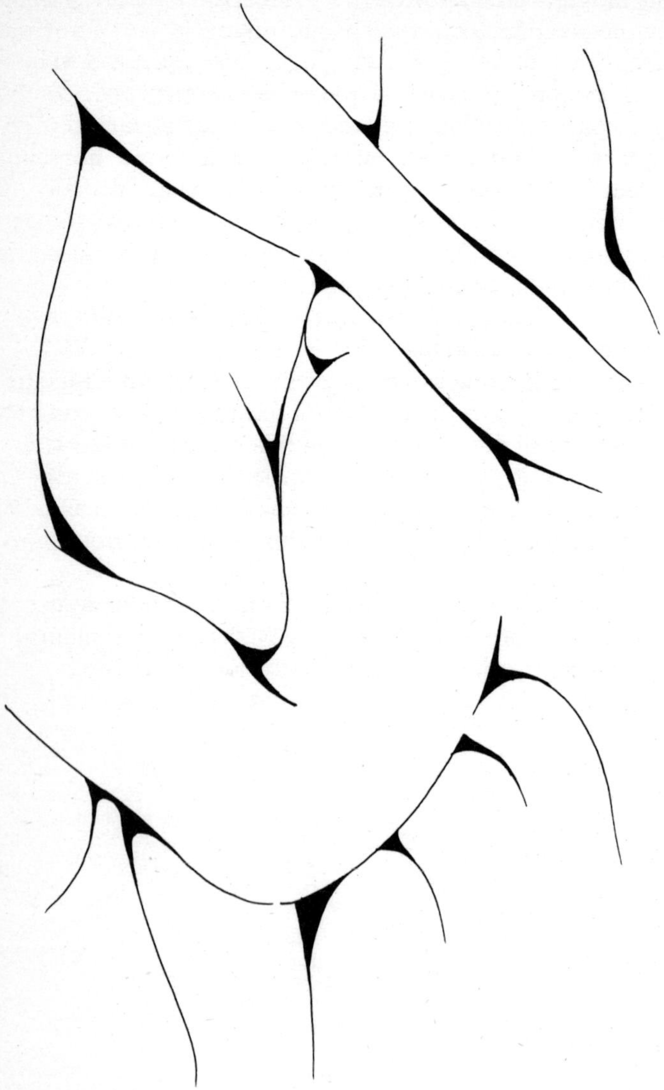

❤ *CAPÍTULO* ❤
2

Las mujeres: ¿Cuáles son *sus* problemas?

¿Cómo saber si usted tiene un problema sexual? Si usted desea tener relaciones sexuales pero no logra encontrar una pareja idónea, puede ser un problema sexual o puede no serlo. Si experimenta alguna molestia o dolor al tener relaciones sexuales, puede tratarse más bien de un problema médico que de uno sexual. Aun si ha perdido el deseo sexual, no necesariamente debe tratarse de un problema de índole sexual. A lo que queremos llegar con estas afirmaciones, es que no siempre es fácil determinar o definir los problemas sexuales. Pero el lado positivo de todo esto es que la eliminación de lo que usted cree que puede ser un problema sexual, puede resultar más fácil que ofrecerle una definición. ¡Continúe leyendo para descubrir cómo al mismo tiempo algo puede ser y no ser un problema!

En este libro nos basamos en la definición más amplia posible de lo que puede ser un problema sexual: *la insatisfacción con cualquier aspecto del desempeño o sensación sexual en cualquier etapa del acto sexual*. Si con la ayuda de este libro no resuelve su problema, creemos que será necesario que busque los servicios profesionales de un terapeuta sexual calificado y reconocido para que se realice un análisis más a fondo de su situación. Pero ¡primero ofrézcanos una oportunidad! Seguramente se sorprenderá al saber lo que puede hacer por usted mismo. Para comenzar, echemos un vistazo a los problemas sexuales más comunes entre las mujeres que solicitan nuestra ayuda. A éstos se les llama "disfunciones sexuales", un término técnico que significa que algo está interfiriendo con el comportamiento o los deseos sexuales de una persona. Las más comunes de estas disfunciones sexuales son:

- *Dificultades para llegar al orgasmo*
- *Coito doloroso*
- *Carencia de deseo sexual*

Existen otros problemas que, en ningún momento, pueden considerarse disfunciones sexuales, tales como aburrimiento por una rutina sexual, preocupaciones sobre el contenido de las fantasías sexuales y problemas por el estilo. Estos casos requieren de un poco más de información sobre el sexo y no de un tratamiento. En libros anteriores hemos abordado esta clase de problemas, y en algunos capítulos subsecuentes de esta obra discutiremos algunos aspectos de ellos.

Existen otros tipos de problemas sexuales que son más profundos y que requieren de la ayuda de un sicoterapeuta antes de que se presente algún cambio real en el comportamiento sexual. Por ejemplo, atendemos a muchas mujeres que no se dan la oportunidad de gozar ningún placer, ni sexual ni de ninguna otra clase. Tenemos el caso de una joven que era hija única y que vivía lejos de su madre; nos consultó porque casi no experimentaba deseos sexuales. Creía que si sentía placer estaría traicionando a su madre, que no gozaba de ninguno, que estaba sola y era infeliz. El placer la hacía sentirse culpable. Se imaginaba a su madre diciendo: "¿Cómo puedes divertirte si yo no estoy contigo?" Debido a la naturaleza de su problema, esta mujer necesitaba mucho más que la clase de ejercicios y el sentido común que se presentan en este libro. Tenía que consultar a un terapeuta profesional para recibir ayuda.

Para algunos otros problemas, es necesario que la persona consulte a un médico. Si usted siente dolor o molestias durante las relaciones sexuales, puede ser signo de un problema médico serio. Este puede encontrarse en la mente o en la vagina, y quizá se debe a la forma en que usted y su pareja copulan. En todos los casos el problema es real y se le debe dar un tratamiento si desea gozar de la vida sexual que merece. Debe ser diagnosticado con prontitud y seguir el tratamiento adecuado.

Ahora regresemos a los tres tipos de problemas que mencionamos anteriormente:

Dificultades para llegar al orgasmo

En lo que respecta al comportamiento sexual de las mujeres, probablemente la preocupación más común esté relacionada con sus orgasmos. ¿Las mujeres *necesitan* el orgasmo? Esta pregunta tan sencilla requiere de una respuesta dividida en dos partes. En primera, sabemos que cuando una mujer se encuentra sexualmente excitada, el flujo de sangre en los labios, el clítoris y otras partes de los órganos genitales crea una tensión que se libera mejor a través del orgasmo. En algunas mujeres, la excitación sexual frecuente sin el alivio del orgasmo ha dado como resultado diferentes molestias y dolores, así como tensión nerviosa. Además, experimentar un orgasmo es fantástico.

Ahora viene la segunda parte de la respuesta: "Si a la mujer nunca se le excita sexualmente —dirían algunos opositores al placer sexual femenino—, no necesita del orgasmo, ¿no es así?" ¡No, no lo es! A pesar de que las mujeres pueden concebir sin experimentar el orgasmo y pueden percibir placer sexual, excitación y satisfacción sin llegar al clímax, se estarían apartando de una función natural del cuerpo.

Apoyamos el punto de vista de aquellos científicos que afirman que el proceso evolutivo (o Dios) ha creado el maravilloso cuerpo humano, del cual cada parte, sistema y respuesta tiene una razón de ser. Tanto el hombre como la mujer poseen la habilidad para experimentar esta maravillosa experiencia sexual a la que llamamos orgasmo. No podemos hacer nada más que pensar que un reflejo tan complejo existe con un propósito profundo y benéfico.

Algunas personas, profesionales y no profesionales, han definido injustamente como una aflicción el que no se presente el orgasmo femenino. Es decir, si una mujer no ha aprendido todavía a crear condiciones o a recibir suficiente estimulación para permitir que se presente el reflejo orgásmico, se considerará "frígida". Algunos maridos y compañeros han ejercido una presión desconsiderada sobre sus esposas, incluso olvidándose de los sentimientos, para asegurarse de que siempre logren el orgasmo. Así que, por favor, lectores del sexo masculino: esperen a leer el capítulo 9, en el que aprenderán cómo trabajar *junto con su pareja* para alcanzar la clase de orgasmo que ella desea. No sean egoístas y no piensen que sólo el hombre puede llevar a la mujer al orgasmo. Ella también tiene un papel que representar en todo esto.

Algunas de las cartas que recibimos son de mujeres que confiesan no estar experimentando el orgasmo, mientras que para otras es algo incierto. En la mayoría de los casos, las mujeres saben muy bien si no lo están sintiendo. La mayoría de las mujeres que acuden al terapeuta sexual porque presentan un problema con estas características señalan: "No alcanzo el orgasmo, ¿puede ayudarme?" ¿Cómo saben que no lo están experimentando? En algunos casos, ya habían llegado a él en ocasiones anteriores. En uno de los casos, una mujer solamente había logrado el orgasmo con un antiguo amante. Entonces, sabía lo que ocurría por medio de la comparación.

Tomemos el problema de cierta mujer como ejemplo. Siente el deseo sexual y se excita; esto significa que se presenta la lubricación, el flujo de sangre al área de los genitales, se congestionan los labios exterior e interior y el clítoris tiene erección. Experimenta la excitación y un instinto que debe satisfacer. Prevé un gran final para todos los sentimientos y sensaciones que recorren su cuerpo, pero no sucede nada. ¿Tuvo un orgasmo? Sabe que experimentó algo más que la excitación sexual pasajera que puede sentir al ver pasar a un hombre sexy. Cuando experimenta una gran excitación sexual, la mujer está consciente de que si no alcanza el orgasmo se sentirá incómoda y frustrada. Sabe esto por sucesos pasados. Como conclusión, la satisfacción orgásmica es algo que la mujer siente que debe presentarse cuando existe la *suficiente estimulación física* para hacerla alcanzar ese punto. Incluso una mujer que nunca haya experimentado un orgasmo, percibirá este deseo de satisfacción ante esta actividad sexual intensa.

Y no es solamente su pensamiento el que la lleva a este punto. Cuando una mujer tiene una pareja que le ofrece suficiente estimulación física, o si ella misma se la proporciona, estará muy consciente de la sensación de no sentir un orgasmo. (En el capítulo 8 hablaremos con detalle de lo que es la "estimulación suficiente"). En el *presente*, una mujer que normalmente no logra el orgasmo puede considerarse como no susceptible a él. Ser incapaz de llegar al orgasmo no es una condición permanente y desde luego que no es una enfermedad. Simplemente significa que no se han encontrado las condiciones o estimulaciones correctas para alcanzar la respuesta sexual óptima a la que llamamos orgasmo.

Cuando una mujer está con una pareja que le agrada, en un medio ambiente que disfruta (no en el asiento trasero de un auto, situación que no le permite relajarse completamente) y sin ningún tipo de restricción, ni legal ni religiosa, que le haga pensar que no puede "dejarse ir", y aun así no puede alcanzar el clímax, tenemos el caso típico de una mujer no susceptible al orgasmo.

Los párrafos anteriores sugieren que el "problema" de no alcanzar el orgasmo se puede clasificar de dos maneras:

cuando el problema se debe a la incapacidad de la pareja para lograr que la mujer alcance el orgasmo y cuando la mujer no puede llegar al orgasmo, sin importar que su pareja sea muy hábil en el terreno sexual.

Para poder tratar el problema, como lo mostraremos más adelante, es necesario entender las condiciones bajo las cuales el orgasmo puede o no presentarse. Es posible que una mujer sea susceptible al orgasmo con la autoestimulación, pero no con su pareja. Puede serlo con una pareja pero no con otra. No obstante, también puede suceder que ni ella misma ni su pareja puedan lograr que llegue al orgasmo. Desde el momento en que estas situaciones requieren de diferentes clases de atención correctiva, es preciso que una mujer conozca qué situación se aplica a ella.

Existe otro tipo de problema orgásmico que algunas veces atendemos. Un número considerable de mujeres no saben que puede presentarse un "momento inactivo" que precede al orgasmo y durante el cual parece que no va a suceder nada. Otras mujeres aseguran que ellas no lo experimentan nunca. Pero algunas de ellas, cuando pasan por este "momento inactivo", pueden pensar: "no va a pasar nada, así que lo mejor es que lo olvide." Entonces se desconectan ellas mismas y su falta de fe se convierte en una profecía que se cumple: "lo ves, no puedo tener un orgasmo". Ahora bien, se desconoce si este "momento inactivo" es una reducción natural del estrés que forma parte del reflejo orgásmico, o si es algo que les sucede sólo a ciertas mujeres; pero una mujer que lo experimenta debe mantener la estimulación para pasar este punto.

Si la mujer es capaz de alcanzar el orgasmo por medio de la autoestimulación y/o ha experimentado el orgasmo con una pareja anterior, no quiere decir que inconscientemente esté rechazando a su amante actual. Esta situación puede plantear una incapacidad para comunicar al hombre qué tipo de movimientos y presiones físicas necesita para llegar al orgasmo. El problema no necesariamente señala alguna deficiencia sexual por parte del hombre, sino que él no puede adivinar lo que piensa su pareja. Recuerde, el amante más grande del mundo puede existir sólo en su pensamiento. Él hace lo posible, pero usted debe ayudarlo y educarlo sobre los requerimientos particulares de *su* cuerpo.

Con objeto de entender claramente la causa que provoca este problema, la mujer debe analizar la relación que sostiene con su esposo o compañero. Ni toda la terapia sexual ni todos los consejos del mundo podrán ayudar a una mujer a quien no le agrade la persona con la que mantiene relaciones sexuales. Debe tratar de descubrir sus verdaderos sentimientos hacia su pareja y asegurarse que de verdad desea tener relaciones sexuales con él en una forma amorosa y satisfactoria. Si no es así, deberá consultar a un consejero matrimonial, un sacerdote o algún otro profesional que la pueda auxiliar a resolver sus problemas interpersonales. Una vez más, debe ejercer control sobre las condiciones constantes antes de que pueda alcanzar el tipo de orgasmo que desea.

Una de las causas de la dificultad para experimentar el orgasmo son en realidad los mitos tradicionales y los medios masivos de comunicación. Generalmente se maneja la idea de que sólo las mujeres jóvenes son atractivas sexualmente, y que cuando una mujer envejece remplaza su interés en el sexo sentándose sobre una mecedora para tejerles a sus nietos. ¡Qué ilógico! Es solamente un estereotipo cultural el que una mujer (u hombre) madura pierda interés en el sexo. Ni siquiera la extirpación de la matriz o la menopausia da como resultado reducciones importantes en el deseo sexual. Si pierde el interés por creer en los mitos, es porque usted así lo quiere. Los accesos repentinos de calor o "bochornos", que con frecuencia acompañan a la menopausia, los utilizan las mujeres como excusas para no tener relaciones sexuales con sus esposos, aunque esa negativa tenga su origen en otras causas. "Mira —señalan—, mi cuerpo me está diciendo que ya se terminó mi vida sexual." Nosotros les explicamos que estos accesos de calor en realidad se originan en los cambios hormonales que se presentan durante la menopausia, pero que en definitiva no significan el fin de su sexualidad.

Por el contrario, para muchas mujeres que ahora ya no tienen el temor a embarazarse y que saben que los hijos están fuera de casa, éste es un momento para celebrar la privacidad recuperada y la intimidad que habían enterrado durante décadas. Ahora marido y mujer pueden disfrutar como dos recién casados, si así lo desean.

El sentirse sexy está en su mente y con frecuencia se necesita de un cambio de actitud antes de que pueda existir la transformación deseada en la respuesta orgásmica. Para algunas mujeres, el sexo puede resultar una experiencia más gratificante cuando tienen más edad. A pesar de que la respuesta orgásmica tal vez sea un poco más débil, todavía puede resultar fantástica para las mujeres que se encuentran entre los ochenta y noventa años. Y tal vez incluso después de esa edad; si alguien lo sabe, por favor háganoslo saber.

Coito Doloroso

Cuando utilizamos el término "coito doloroso" nos referimos al dolor que se presenta por dos razones: Una de las causas de dolor en el área de la vagina es el resultado de los intentos de penetración. Este dolor puede presentarse no sólo por la penetración del pene, sino también por la introducción de un dedo o hasta de un tapón. La otra causa de dolor ocurre *después* de la penetración del pene.

¿Qué queremos decir con el término dolor y hasta qué punto debe una mujer aceptar las molestias durante el coito? La única respuesta segura que podemos dar a estas preguntas es que se debe tratar *cualquier molestia* que sienta una mujer durante las relaciones sexuales. Un ligero dolor no quiere decir que la mujer tenga un problema, puede ser algo tan sencillo como la posición del pene al penetrar en la vagina. Por otra parte, cualquier molestia o dolor, por muy leves que sean, pueden disminuir el placer del acto sexual y tener consecuencias sicológicas dañinas. Aun la aversión subconsciente hacia el sexo provocada por un *ligero* dolor puede provocar la ruptura de una relación, algo mucho más difícil de arreglar que la mayoría de los problemas médicos o físicos.

Desde luego, si existe una explicación física para que se presente ese dolor o molestia, deberá ser atendida por el ginecólogo tan pronto como sea posible. Acuda a su sentido común. Si las sugerencias que aquí ofrecemos no alivian la molestia, considere el coito doloroso como un síntoma, no como una causa y visite a su ginecólogo. A este tipo de problemas se le debe prestar cierto interés, como si fuera uno más de los dolores de la vida. Cuando una mujer joven tiene relaciones sexuales por primera vez, es lógico que se presenten ligeras molestias o presión dolorosa al momento de la penetración; si hay algo más que ésta ligera molestia o si ésta se presenta en más de un número razonable de coitos, deberá consultar al ginecólogo.

Probablemente el dolor más común durante la penetración e inmediatamente después de ésta, se presenta cuando la mujer no se ha excitado lo suficiente para generar una buena lubricación en la vagina. En algunos casos, es probable que la mujer por naturaleza produzca lubricación insuficiente. Si la única causa del dolor parece ser ésta, utilice un lubricante tipo gel. La vaselina no debe emplearse si se utiliza el condón o el diafragma, porque puede dañar el material anticonceptivo. Si el uso de lubricante no evita que la penetración sea dolorosa, entonces se recomienda una visita al ginecólogo.

¿Qué pasa cuando el hombre no puede penetrar con el pene? Es probable que pueda introducir un dedo, pero no el pene. Puede ser que su pene sea demasiado grueso y entonces la pareja tendrá que probar otra posición. (Consulte el capítulo 9. Las investigaciones han demostrado que la vagina es muy elástica y que, normalmente, puede recibir cualquier tamaño de pene. Algunas veces el problema estriba en la *percepción* que tiene la mujer de que el pene es demasiado grande. Si creció con la idea de que el pene es algo enorme, "peligroso" o "desagradable", tal vez por una experiencia en su infancia, es probable que en forma involuntaria contraiga el músculo de la vagina antes de la penetración como una manera de rechazo. El dolor resultante no tendrá nada que ver con la falta de lubricación ni con el poco amor que quizá profese el hombre, sino más bien con un temor hondamente arraigado en cuanto al pene. Este problema debe ser tratado por un psicólogo clínico o un psiquiatra.

Carencia de Deseo Sexual

Después de un análisis que se realizó a las cartas que llegaron a los diferentes programas de televisión y de radio que conduce la doctora Ruth, así como a los periódicos en los que colabora, se encontró que la falta de deseo sexual es uno de los problemas de que se queja la gente con más frecuencia al reportar una disfunción sexual. Se descubrió que casi una cuarta parte (24%) de todas las personas que aseguraban tener un problema de disfunción sexual, alegaban falta de deseo sexual —y esto lo planteaban tanto hombres como mujeres.

En el pasado, los médicos aparentemente no consideraban esta situación como un problema, porque se suponía que todos los hombres tenían una libido —o deseo de tener relaciones sexuales— muy fuerte "por naturaleza", mientras que las mujeres deben excitarse durante la estimulación erótica que antecede al coito.

Sin embargo, estudios recientes han revelado que el deseo sexual es el resultado natural del *interés* de una persona por el sexo. Al igual que el interés, el deseo sexual debe preceder a cualquier tipo de estimulación física o sicológica. En el lenguaje común, la gente utiliza el término "sensual" para referirse a un deseo sexual fuerte e intenso. "Sensualidad" es ese sentimiento interno que no necesita de la estimulación erótica y que es la sensación básica sobre la cual se construye después la estimulación sexual. Por tanto, el deseo sexual no es algo que alguien pueda proporcionar; trabaja y actúa a través de estímulos sensitivos y de otro tipo, así como del comportamiento erótico en el que usted se puede involucrar aun estando a solas. "Sensualidad" es el sentimiento a través del cual las mujeres desean una relación sexual con sus esposos tan pronto como ellos lleguen a casa o que las impulsa a llamar a alguien para invitarlo a una cena íntima y a lo que sigue.

Los antiguos manuales sobre sexo eran bien intencionados y su orientación era romántica, pero no estaban muy documentados sobre los trabajos del deseo sexual. Las investigaciones científicas de Masters y Johnson y después las de Helen Singer Kaplan revolucionaron nuestra forma de pensar sobre el sexo. Ahora sabemos que demasiados hombres y mujeres se privan a sí mismos de los placeres de una relación sexual amorosa, aun dentro del matrimonio, porque "sencillamente no están interesados" en el sexo. Es decir prefieren no hacer nada con respecto al sexo, ni siquiera pensar en él. En cierta forma, la falta de interés en el sexo es la manera más extrema de carencia de deseo sexual. Afortunadamente, la mayor parte de las personas que presentan este problema y que nos escriben, tienen *algún* interés en el sexo, aunque no pasiones reales, urgencias ni sentimientos positivos fuertes hacia éste.

¿A qué nos referimos cuando hablamos de "falta de deseo sexual"? Algunas personas piensan que este término describe a una mujer (u hombre) que no experimenta orgasmos o ni siquiera excitación después de la estimulación por parte de una pareja o por medio de la masturbación. Pero no nos referimos a eso, porque la falta de deseo surge antes de la etapa de excitación, antes de la interacción sexual. Esto es básicamente, en su forma más extrema, no desear en absoluto tener relaciones sexuales. Permítanos darle un ejemplo personal de la vida de la Dra. Ruth.

Mi esposo Fred y mis amigos siempre están tratando de convencerme de que utilice una computadora. Pero a mí no me interesan las computadoras; me fastidio si alguien comenta algo sobre computadoras frente a mí. Me doy la media vuelta cuando alguna persona me enseña su nueva computadora. "Está bonita", le digo sin ningún interés ni sinceridad en mis palabras. Sería feliz si nunca volviera a ver una computadora en toda mi vida. Esto no quiere decir que yo no podría manejar una de estas máquinas si tuviera que hacerlo, pero sí que prefiero evitarlas. En otras palabras, no solamente no tengo el deseo de manejar una computadora, sino que ¡no tengo ningún interés en la materia! Podrá pensar que esto es exagerado, pero así es exactamente lo que algunas personas piensan del sexo. ¡No les podría importar menos!

No confunda la falta de respuesta orgásmica con la falta de deseo sexual. La falta de deseo es, en grados diferentes, la falta de interés; un problema que radica en la mente, no en los órganos genitales. Cuando usted no tiene ningún interés, ni siquiera piensa cómo tendría que comportarse sexualmente. Cuando tiene algún interés, pero muy poco deseo, es probable que actúe en forma muy pasiva y espere hasta que su pareja tome la iniciativa. Algunas personas han sugerido que la falta de deseo es el resultado de la manera en la que algunas mujeres han crecido en nuestra cultura occidental. Es decir, se les enseña a suprimir sus sentimientos sexuales hasta que las "excite" un hombre. La paradoja es que algunas mujeres que se quejan de la falta de deseo sexual podrían alcanzar el orgasmo fácilmente, mientras que otras que cuentan con gran cantidad de interés y deseo sexual pueden ser no susceptibles al orgasmo. ¡¿En dónde está escrito que el sexo es sencillo de comprender?!

Hemos conocido diversos casos en los que las mujeres, en ocasiones casadas durante varios años, contrajeron matrimonio porque era el momento oportuno o porque los hombres parecían ser maridos y padres potencialmente buenos. Incluso, tal vez tuvieron matrimonios por conveniencia o "arreglados". Estas mujeres estaban conscientes de que tendrían relaciones sexuales y, a pesar de que no tenían deseo por tenerlas, sabían que se crearía un conflicto si no cumplían con la parte que les correspondía del contrato matrimonial. De tal forma, pasaron por todas las etapas sin siquiera gozarlas. Esto no quiere decir que no amen o no les importen sus maridos, pero se perdió el elemento de la pasión. Muchas de estas mujeres se dieron cuenta de que algo estaba mal, pero no quisieron arriesgar sus matrimonios enfrentando sus sentimientos.

Tal vez su desempeño sexual haya sido adecuado. Lubricaban, se involucraban en los movimientos de la pelvis, no sentían ningún dolor ni molestia y la mayoría de ellas concibió y se convirtió en madre y esposa ejemplar. De no ser por esta falta de deseo, podrían ser las esposas ideales. Estos son los casos en los que oímos decir a la mujer: "¿El sexo? Puedo tenerlo o no tenerlo ".No siente una aversión por el sexo, pero tampoco existe un deseo o un interés real en su capacidad humana por el erotismo.

En algunos casos, esta falta de deseo es lo que llamamos "circunstancial". Esto lo encontramos con más frecuencia en la mujer que profesa no tener un verdadero deseo por el sexo y que, sin embargo, puede responder y aun experimentar el orgasmo mediante la estimulación. Si el marido toma la iniciativa en la relación, ella se muestra responsiva; pero si no es así, ella seguirá siendo feliz. A este caso lo llamamos "circunstancial", porque determinado factor externo está interfiriendo en el deseo innato por el sexo. Si esta situación se alterara para erradicar el factor impuesto, ella percibiriá que en realidad siente un deseo por tener relaciones sexuales, incluso tal vez uno muy fuerte. Una causa común que da lugar a esta situación, es un enojo inconsciente de la mujer hacia su marido y que se lleva con ella a la cama. Esta actitud sirve como una especie de "Barrera Colonial" para mantener alejado al compañero. Si él no toma la iniciativa y esquiva esta barrera imaginaria, nunca tendrán relaciones sexuales. Si tomáramos a esta misma mujer y la metiéramos en la cama con el amante de Lady Chatterly (o con el hombre de sus sueños eróticos), se convertiría en una tigresa agresiva. Si usted es esa tigresa en potencia, piense en lo que probablemente esté llevando a la cama antes de aceptar la creencia de que tiene una libido muy baja.

Existen muchas otras situaciones que pueden resultar en una reducción o hasta en un bloqueo de la libido, del deseo o del desempeño sexual. Del capítulo 4 al 7 discutiremos sobre éstas y le sugeriremos algunas posibles maneras de sobrellevarlas. Algunas de estas situaciones son:

- ✔ *Estrés por el trabajo, la paternidad, limitaciones económicas, etcétera.*
- ✔ *Temor a quedar embarazada.*
- ✔ ***Falta de práctica erótica y sensual** —No poseer la experiencia suficiente para provocar que el cuerpo experimente placer.*
- ✔ ***Miedo a las fantasías sexuales y a revelar el subconsciente** —Vienen a la mente imágenes prohibidas, como el homosexualismo, el incesto, etcétera.*
- ✔ ***Problemas con su pareja** —Falta de higiene, aumento de peso, ignorancia sexual, enojo.*
- ✔ ***Medicamentos, alcohol y otras drogas** —Abusar de medicamentos, como aquellos contra la gripe, opeáceos, "depresores" y otros y consumo excesivo de alcohol.*
- ✔ ***Cambio del rol** —Enfrentarse a una mujer demasiado agresiva, a la igualdad en el matrimonio, etcétera.*
- ✔ ***Aversión a los genitales** —Pensamientos inconscientes acerca de que el pene o la vagina son "sucios", "huelen mal" o son peligrosos.*
- ✔ ***Abuso sexual sufrido en la infancia o ya de adulto** —Incesto, violación, abuso sexual o sicosexual.*
- ✔ ***Imagen pobre de sí mismo** —Haber crecido siendo objeto de abuso verbal por parte de los padres: "Deseamos que tengas suerte y encuentres a un hombre que quiera casarse contigo".*

✔ ***Aburrimiento*** *—Ya lo ha hecho todo: "¿Eso es todo lo que podemos hacer?".*

Ahora debemos dejar en claro que no se trata de si usted tiene o no deseos sexuales. Es una cuestión de grados. Consideremos una escala del uno al diez. ¿Cómo podemos medir si usted obtiene un diez, un ocho o un uno? ¡No se puede! Es solamente un indicador que nos permite saber qué tan seguido y qué tan intensamente piensa y actúa en cuestiones sexuales basándose en esos pensamientos. No creemos que haya personas que *no* sienten ningún deseo por el sexo. Existen aquellas que han desarrollado un deseo negativo —algo que la terapia puede modificar para ofrecer a la persona el potencial de una vida sexual satisfactoria —.Lo primero que deben hacer estas personas es reconocer que su falta de deseo sexual es algo que probablemente puedan controlar.

¿Puede aumentar su deseo sexual? Creemos que sí, y en capítulos subsecuentes discutiremos la forma en que puede incrementar sus deseos por medio del desarrollo de actitudes más eróticas junto a una autoestima sana. Para algunas personas es posible que el deseo sexual baje de nivel. Si tienen una profesión de alto riesgo o se encuentran en una situación social en la que sería muy arriesgado permitir que sus deseos sexuales queden fuera de control, es probable que reduzcan su perfil erótico en forma consciente. En algunos casos, el deseo sexual de las mujeres puede tener una fluctuación debido a influencias hormonales durante las fases de la menstruación.

Para hacer las cosas más complicadas, la gente cambia de acuerdo con la *variedad* en que desean llevar su actividad sexual. Algunas personas con un deseo muy bajo hacia el sexo, pueden sentir aún un deseo muy fuerte por la variedad, mientras que otras que experimentan un gran deseo por el sexo, pueden ser monógamas y mostrarse monótonas en la cama. ¡El sexo nunca ha sido sencillo de entender! Por último, debe evaluar sus propios deseos y el impacto que éstos tienen sobre su vida amorosa. Así sabrá si quiere hacerlo mejor.

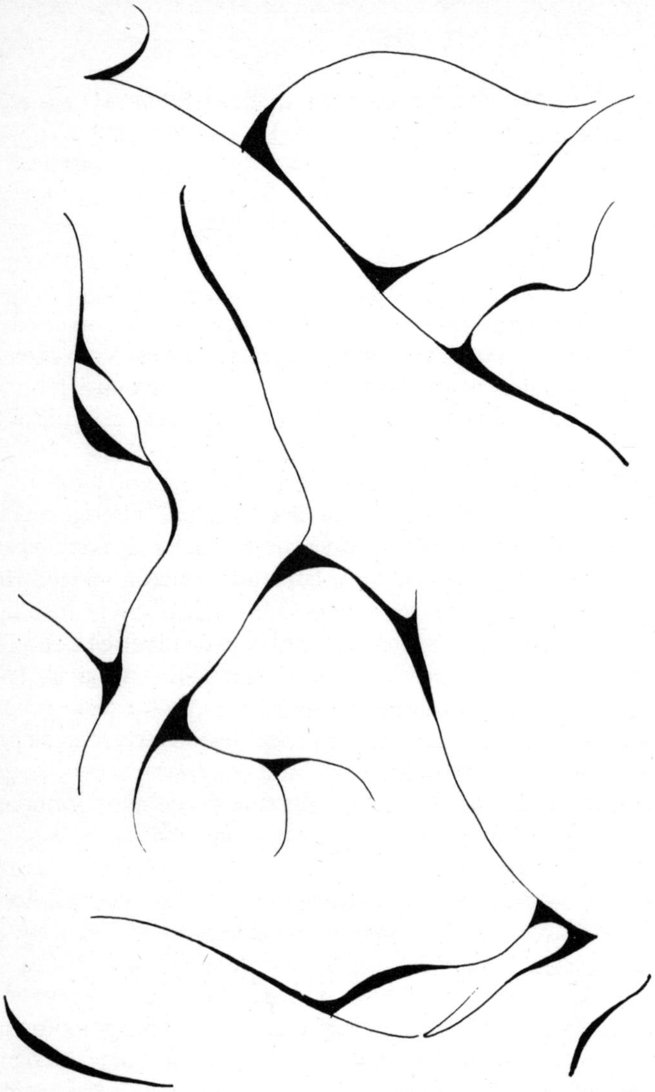

❤ CAPÍTULO ❤
3

Los hombres: ¿Cuáles son *sus* problemas?

En nuestra niñez, allá por los años cuarenta, los manuales sobre sexo —por ejemplo, *Ideal Marriage* (Matrimonio Ideal), de Van DeVelde— a menudo eran muy románticos y tradicionales. Regularmente se presentaba una visión de la sexualidad en la que el hombre debía contener su agresivo apetito sexual mientras iniciaba un lento preludio amoroso con su esposa, esencialmente pasiva. Su trabajo era "llevarla" a un nivel de excitación mediante el cual después de iniciar el coito él podía calcular con habilidad sus movimientos, de manera que el clímax ocurría simultáneamente para ellos. Tratando de no eyacular antes que ella, él tenía que "trabajar" en retardar el orgasmo sustituyendo la pasión con visiones relativas al pago de impuestos. Sí, así eran esos días, cuando el sexo para el hombre considerado se constituía en un marco de ignorancia de su propia pasión.

Por supuesto, los tiempos han cambiado, y ahora los hombres son un poco más sofisticados en cuanto a la naturaleza de la incitación erótica de la mujer y en la forma de ayudarla para alcanzar un orgasmo —sin necesidad de recurrir a ejercicios mentales. No obstante, muchos hombres aún tienen dificultades para controlar el momento de su eyaculación o mantener una erección durante un apasionado encuentro sexual. En la actualidad, un hombre puede gozar su pasión así como la de su pareja y ser capaz de controlar el momento en que eyacule. Posteriormente, en el capítulo 8 le sugeriremos las técnicas para aprender a hacer esto y mantener una erección, pero antes permítanos examinar las diferentes clases de problemas de los que frecuentemente se quejan los hombres.

En su mayor parte, clasificamos las dificultades de disfunción sexual masculina en cuatro categorías principales:

- *Eyaculación prematura*
- *Dificultades de erección*
- *Eyaculación retardada*
- *Pérdida de interés sexual*

La "pérdida de interés sexual" es la única queja de importancia que comparten los hombres y mujeres que acuden a nosotros buscando ayuda. Con frecuencia, las causas del problema son las mismas, pero en algunos casos también son muy distintas.

Eyaculación prematura

Esta no es una situación fácil de definir, porque significa distintas cosas para diferentes personas. Quizá sea más fácil analizarlo desde una perspectiva más amplia. Se trata de cualquier situación referente a la eyaculación, en la cual un hombre está inconforme con el momento en que ésta ocurre —esto es, se le presenta muy pronto.

"Muy pronto" puede tener distintos significados:

- ✔ *Se excita tanto al hacer el amor, que eyacula aun antes de realizar la penetración.*
- ✔ *Eyacula al intentar la penetración.*
- ✔ *Eyacula segundos después de la penetración, inclusive sin realizar ningún movimiento.*

- *Lleva a cabo la penetración, inicia sus movimientos y eyacula unos cuantos segundos después.*
- *Después de la penetración lleva a cabo durante varios minutos diversos movimientos sin querer eyacular pronto, sin embargo sus reflejos producen un orgasmo.*

La característica común en estos casos, es que el hombre no tiene control sobre la eyaculación. Su cuerpo está bajo control, no su deseo. En otras palabras, no está satisfecho en lo que se refiere a *cuándo* ocurre su eyaculación y no importa si es antes, durante o después de la penetración —aun minutos después—, en tanto que el momento de ésta no sea el de su elección.

La eyaculación prematura puede ser considerada como el problema opuesto a la eyaculación retardada, cuando un hombre no consigue alcanzar el orgasmo en un tiempo razonable después de haberlo decidido. Mientras que algunos hombres pueden pensar que la cópula prolongada es deseable, debemos considerar que la eyaculación retardada a menudo resulta en una frustrante situación de ausencia total de eyaculación. Y ciertamente la frustración que puede resultar es muy perturbadora.

Dificultades de erección

¿Cuánto tiempo debe tomarle a un hombre desarrollar una erección firme una vez que ha sido estimulado por las caricias de su pareja ? ¿Un hombre puede fomentar una erección sólo con pensar en una persona o escena "sexy"? ¿Durante cuánto tiempo debe ser capaz un hombre de mantener una erección antes de la penetración? ¿Y qué sucede si se mantiene una erección después de la penetración y el movimiento? ¿Debe un hombre experimentar una erección sólo por besar a su amante? ¿Qué tan dura debe ser la erección? ¿Un hombre puede desarrollar una erección al estar dormido aunque no la logra estando despierto?

Este tipo de preguntas se nos hacen con mucha frecuencia durante los programas de la doctora Ruth y a través de cartas que nos dirigen a los periódicos en los que escribimos. Nuestras respuestas son necesariamente menos específicas, porque —al igual que con la eyaculación prematura— las dificultades eréctiles pueden ser en gran medida subjetivas. Básicamente, en tanto que un hombre esté preocupado por la dureza, frecuencia o duración de su erección, tiene un problema que le es real. Ya sea que el problema se deba a otro problema sicológico distinto que ahora afecta su erección, o tan sólo a su ignorancia sexual; éste deberá determinarse por separado en cada caso, ya que nuestra consideración debe basarse en una mayor información más que en mera insatisfacción. Puesto que este problema puede indicar una posible y seria dificultad médica, siempre pecamos de precaución y recomendamos que se descarten primero los problemas de índole sicológico.

Antes de trabajar en cualquier posible causa sicológica o circunstancial con un terapeuta sexual, o inclusive seguir las sugerencias que presentamos en los últimos capítulos de este libro, le recomendamos que cuente con la aprobación incondicional de su médico general o urólogo. Asegúrese de comentar con su médico todos los síntomas y detalles sexuales de su problema.

Con frecuencia los hombres se encuentran ante un dilema cuando presentan dificultades de erección. Les preocupa la posibilidad de tener problemas porque no obtienen resultados satisfactorios (al menos no en relación con su condición regular). Entonces, el estrés que esta preocupación produce puede provocarles un desempeño pobre, ya que el estrés a menudo provoca problemas de erección a muchos hombres. En otras palabras, la preocupación de que *puedan* tener algunas dificultades con una erección puede en realidad *causar* la dificultad. Esto se llama a veces una "profecía que se cumple por sí misma" o "ansiedad por anticipado". Muchas personas parecen estar luchando siempre contra sí mismas, ¿no es así?

Ahora, existen diversas clases de situaciones que pueden llevar a algunos hombres a pensar que tienen problemas con sus erecciones:

- ✔ *El debilitamiento de la estimulación visual; esto es, no experimentar una erección al observar mujeres desnudas, fotografías sugestivas o películas eróticas.*
- ✔ *El debilitamiento de la estimulación física; cuando no se logra desarrollar una erección ya sea por autoestimulación o estimulación física por parte de otra persona.*
- ✔ *Una erección firme requiere más tiempo y esfuerzo del que solía requerir.*
- ✔ *Una erección necesita estimulación mucho más exótica —ya sea en fantasía o conducta— que antes.*

Algunos hombres confiesan que "nunca" desarrollan una erección por lo que deben ser "asexuales" o "impotentes". Estas son dos palabras que desearíamos que desaparecieran, porque son más engañosas y aterradoras que útiles en la comunicación. Los individuos con dificultades para alcanzar una erección —o que no la tienen en absoluto— pueden presentar un problema fisiológico que requiera de la atención de un urólogo. En algunos casos, el motivo puede ser algún medicamento ingerido para resolver algún problema de salud. Si toma algún medicamento y tiene cierta dificultad eréctil o pérdida de la libido, debe consultar a su médico. No obstante en muchos casos existe realmente un factor circunstancial que inhibe la erección. Esto les sucede en especial a los hombres que son capaces de experimentar una erección al estar dormidos. No tiene sentido alegar que no se trata de una erección real al ser estimulada por presión de la vejiga o algo más. Mientras que el genital funcione, el hombre es quizá capaz de experimentar una erección en una situación sexual.

Si desea realizar una prueba sencilla, aunque no necesariamente infalible, para saber si es capaz de desarrollar una erección dormido, haga la "prueba de las estampillas". Adquiera una tira de timbres postales en la oficina de correos.

Cuando se disponga a dormir, tome de cinco a ocho timbres en línea y cíñalos en torno a la base del pene. Humedezca el extremo de la tira de timbres y péguelo de manera que permanezca en su sitio durante la noche. Si la tira de timbres está rota al despertarse por la mañana, quizá haya tenido una firme erección. Si no se rompe, inténtelo la noche siguiente, pero esta vez un poco más ceñido. Aun cuando piense que no tiene erecciones, probablemente encontrará que sí las tuvo durante la noche. Si su pene experimenta actividad eréctil (verifíquelo con el médico, si así lo desea), entonces dispongámonos a trabajar con los ejercicios que se sugieren en el resto del libro.

Veamos el caso de los hombres capaces de alcanzar una erección, pero que ésta no es tan firme, rígida y duradera como una vez lo fue. El problema puede relacionarse con:

- ✔ *El efecto disminuido de la estimulación visual.*
- ✔ *El efecto disminuido de la estimulación física.*
- ✔ *El mayor tiempo que se requiere para alcanzar una erección.*
- ✔ *La necesidad de una excitación más exótica para conseguir tener al menos una leve erección.*

Una tercera clase de dificultades eréctiles comprende una breve erección antes de la eyaculación. Esto es, el hombre se queja del reblandecimiento del pene antes de alcanzar el clímax y de que el orgasmo ocurra durante el periodo en que la erección se desvanece. Este hombre alcanzó una erección y un clímax, pero empieza a preocuparse de que pueda carecer de "dureza" en el futuro. De nuevo, como con otras dificultades, el estrés y la preocupación son los verdaderos responsables. Aprender a "relajarse y disfrutarlo" es de vital importancia.

Eyaculación retardada

Un hombre inexperto en relación con el sexo considera que la única manera en que puede satisfacer verdaderamente a una mujer es introduciéndole y sacándole el pene hasta que ella alcance el orgasmo (consulte el capítulo 9 para comprender qué tan dañino puede ser este pensamiento tanto para el hombre como para la mujer). Si desafortunadamente alguna vez ha tenido esta errónea opinión de que el placer del acto sexual es meramente como el movimiento de los pistones del motor de un automóvil, entonces quizá también haya pensado: "Hmmm, entre más pueda aguantar, más probable será que mi pareja alcance su clímax; ¿por qué no seré tan afortunado como esos tipos que pueden gozar del acto sexual durante horas sin eyacular?"

En principio, tal vez no pueden "gozar del acto sexual durante horas" —generalmente son fanfarronerías. En segundo término, si pudieran hacerlo, sus pobres parejas quizá experimentarían dolor y no disfrutarían en absoluto. Lo más importante es no envidiar a los hombres que parecen contar con una gran resistencia. La mayoría de ellos desearía desesperadamente alcanzar el clímax en un lapso razonable, ya que pueden ser incapaces de llegar al clímax cuando lo desean. Tal vez sufren de lo que se llama "eyaculación retardada".

Esta no es una condición envidiable. Implica frustración tanto física como emocional, molestias y pérdida de interés. Tal vez estos hombres se enfurezcan y cuestionen su masculinidad u orientación sexual. En consecuencia, algunos hombres convierten un problema molesto en una virtud. Haciendo alarde de su resistencia, evitan con facilidad enfrentar su problema mientras que resaltan su "virilidad" con sus amigos. Hay quienes llegan a "hacer del conocimiento" de sus mujeres que ellos no eyaculan pronto porque son grandes amantes. Pero desgraciadamente esa situación puede ser la máscara de un problema sicológico hondamente arraigado.

Por ejemplo, sabemos de un hombre joven que es muy versátil en cuanto a sus habilidades sexuales se refiere. Afortunadamente, hace poco se relacionó con una mujer también de gran versatilidad que deseaba variar sus técnicas sexuales. Sin embargo, la parte triste de sus salvajes sesiones sexuales fue la siguiente: aunque él era capaz de llevarla al orgasmo varias veces mediante el sexo oral, así como por medio del coito, en realidad no tenía importancia cuánto tiempo copularan o qué tanto ella le practicara la felación, él tenía que masturbarse para eyacular —ya fuera que mientras él lo hacía ella lo estimulara oralmente en la punta del pene; o bien, interrumpiendo el coito y masturbándose para eyacular sobre su cuerpo. Al principio de la terapia, él pensaba que tenía que hacer esto porque su pareja estaba muy fatigada para seguir estimulándolo oralmente, o que él estaba muy cansado para continuar el coito. El hecho de que casi siempre debiera masturbarse para alcanzar el orgasmo, era en cierto modo algo penoso para él.

En realidad este joven no comprendía que tenía un profundo sentimiento de hostilidad hacia el tipo de vida sexual que llevaba. En el fondo de su mente existía la creencia, que albergaba desde los primeros días de su pubertad, de que el acto sexual "normal" debía concluir con él eyaculando dentro de una mujer idealizada, creando así una nueva vida con ese acto perfecto de amor. Pero, conscientemente, se daba cuenta de que esta "idealización" estaba muy lejos de su vida sexual presente, que llevaba en realidad a un nivel socialmente experimental involucrando a distintas mujeres. Ya que tenía una fuerte libido, sostenía relaciones sexuales con frecuencia, aunque interiormente odiaba este sexo sin amor. Tenía que forzarse a eyacular para liberar la tensión sexual en estos encuentros, pero no podía disfrutar un clímax fácil y espontáneo como la mayoría de los hombres. Otros individuos que han acudido para tratamiento de eyaculación retardada parecen bloquear inconscientemente su clímax porque no son capaces de rendirse ante una mujer, ni siquiera en lo que a su fluido espermático se refiere.

Ahora, es verdad que algunos hombres (y usted puede ser uno de ellos, si así lo desea) pueden retardar su eyaculación hasta que su pareja haya tenido un orgasmo. Esto es bueno si es lo que ambos desean. Pero la palabra clave es "decidir". Alguien que experimenta la eyaculación retardada está tan sexualmente fuera de control, como quien experimenta la eyaculación prematura. En resumen, sólo la discusión honesta con su pareja acerca del momento en que ella querría alcanzar el clímax, aunada con sus honestos sentimientos sobre cuándo querría usted eyacular, asegurará el máximo de satisfacción para ambas partes. Cuando no logra tener la calidad de desempeño planeada, puede tener un problema de eyaculación ya sea prematura o retardada. Es aconsejable consultar con un terapeuta sexual si con frecuencia se muestra decepcionado en cuanto al momento de su eyaculación.

Pérdida de interés sexual

Dos de los mitos sexuales más constantes y destructivos son: 1. Los sentimientos sexuales de la mujer deben ser "incitados" por el hombre. 2. Todos los hombres son "por naturaleza" sexualmente agresivos y susceptibles de experimentar deseos sexuales. Hemos discutido el primer mito en el capítulo anterior y ahora nos gustaría analizar el segundo. Mientras que todas las mujeres poseen la cualidad innata de experimentar fuertes deseos sexuales, ésta debe nutrirse y desarrollarse para convertirse en una fuerza positiva en su vida. Lo que sucede a los hombres es algo similar. ¿Qué pasa entonces, con la creencia de los antiguos investigadores sexuales de que los hombres alcanzan su máximo interés sexual durante los últimos años de su adolescencia, mientras que muchas mujeres no lo hacen sino hasta alcanzar los cuarenta o cincuenta años? Lo que estos expertos en el sexo observaban era el papel que la cultura desempeñaba ayudando a los hombres a nutrir su interés sexual, mientras que al mismo tiempo inhibía el nutrimento del interés sexual de la mujer. ¿Qué significa esto?

No es raro que los chicos prepubescentes hagan bromas respecto al sexo y compartan fotografías pornográficas entre sí o que incluso practiquen sesiones de masturbación en grupo para ver quien puede eyacular más pronto o para que los más grandes demuestren la masturbación a los más jóvenes. Todo el grupo de jóvenes camaradas se muestra muy interesado en cuanto al sexo —el conocimiento de actividades, términos, técnicas y demás aspectos sexuales es muy admirado y recompensado por el grupo—. Como sabemos, gracias a Kinsey y a otros investigadores, la masturbación es práctica normal para los chicos durante la pubertad y la adolescencia. De tal manera, durante muchos años se les ha fomentado la fantasía, la estimulación visual erótica y, sobre todo, la estimulación física del pene llegando al clímax. Todos estos factores son muy importantes para el nutrimento de la respuesta sicológica a la estimulación del pene hasta el clímax. Como consecuencia, la mayoría de los hombres jóvenes tienen pocas dificultades con la incitación erótica y el clímax. No obstante, conforme el hombre crece, se convierte en padre y trabaja más duro y durante más horas, las presiones del trabajo le provocan un estrés indebido. Y ciertamente conocemos el impacto que el estrés puede tener en la libido y la vida sexual. Así, la teoría de que los hombres adolescentes son impetuosos y sensuales, en tanto los hombres de cuarenta y cinco años prefieren ver la televisión y tomar algunas cervezas, es en cierto modo verdadera, pero ahora podemos sospechar que se trata de aspectos circunstanciales más que hormonales.

Cuando comparamos el desarrollo sicosexual de las mujeres de nuestra cultura, encontramos justo el patrón opuesto al del hombre. Especialmente en el pasado, la subcultura de la chica prepúber y en una incipiente adolescencia, no mostraba en absoluto ninguna obsesión o mucho interés en el sexo, no por una carencia de potencial, sino porque la precocidad no era recompensada por sus camaradas. Tampoco la masturbación era fomentada entre ellas. Mientras que algunas chicas se masturbaban en secreto, sabemos que a menudo desarrollaban un sentimiento de culpabilidad como resultado de las actitudes morales en el sentido de que una niña no debe tocarse "ahí". Mientras que esta cuestión moral era trasmitida también a los chicos, ellos sí tenían un grupo de amigos con quienes negar el mensaje; las chicas no.

En el pasado, cuando se contraía matrimonio, el sistema de reflejo orgásmico de las mujeres jóvenes había tenido poco o ningún ejercicio. Sus maridos, por el contrario, tenían diez o más años de "nutrimento". No era raro que muchas mujeres se quejaran de que sus maridos siempre deseaban tener relaciones sexuales, mientras que los hombres se quejaban justo de lo opuesto acerca de sus mujeres. Sin embargo, conforme el matrimonio progresaba, las presiones del trabajo infligían una pérdida en el hombre y el estrés en aumento afectaba sus vidas sexuales. La mujer tradicional experimentaba un retraso en su nutrimento erótico al comenzar su vida erótica durante el periodo de cortejo o justo después del matrimonio —pero al menos estaban por ser un buen partido para su esposo. Conforme el matrimonio progresaba, el estrés que la mujer debía soportar como ama de casa y madre, comenzaba a aliviarse cuando los hijos menores terminaban el bachillerato e ingresaban a la universidad. Desafortunadamente, en el momento preciso en que la mayoría de las mujeres podían disfrutar un renacimiento sexual, sus maridos experimentaban probablemente el máximo de estrés.

Por tal razón fue la cultura y no la naturaleza quien jugó una treta a la libido de los hombres y mujeres que crecieron antes de los años sesenta. Pero hoy en día la situación ha cambiado. Más mujeres jóvenes están nutriendo su libido sexual y ejercitando su sistema de reflejo orgásmico mediante la masturbación y la temprana actividad sexual. No obstante, desgraciadamente muchas mujeres se están incorporando a la fuerza laboral, experimentando el mismo tipo de estrés que sus maridos. Esto ha provocado nuevos problemas a los que nos referiremos en el capítulo 7.

Comprender el papel que juega la cultura nos permitirá definir con mayor claridad los problemas que los hombres pueden enfrentar con el deseo sexual. Por ejemplo, un hombre puede madurar, casarse, tener algunos hijos y pronto verse con poco deseo o interés sexual. Esto no significa que no ame a su esposa, que tenga inclinaciones homosexuales u otra explicación simplista. Aunque este tipo de individuo puede parecer aburrido con su esposa, no es ni siquiera capaz de sostener una relación extramarital. En algunos matrimonios, pueden pasar semanas o meses antes de que el hombre incite a la mujer. Su esposa puede haber deseado tener relaciones sexuales, pero tal vez se sienta indispuesta a iniciar alguna actividad sexual debido a su aparente pérdida de interés. Asimismo, él sabe que debería tener relaciones sexuales, pero el deseo es muy débil para motivarlo.

No nos referimos a situaciones en que la pérdida de deseo sexual es consecuencia de un cambio en una relación, sino más bien a los casos en que aún existe amor pero no deseo. En algunos de estos casos, tal vez él nunca fue provocado por la "sensualidad" o el deseo físico, mientras que en otros existe una marcada pérdida de interés con el pasar de los años. Hemos visto casos en lo que una operación o afección reciente del corazón provocan tanto temor a un hombre, que éste pierde el deseo. Cierto individuo a quien no le había descendido un testículo y el otro no se le había desarrollado de manera correcta, era perfectamente capaz de tener relaciones sexuales, pero creía que ninguna mujer se interesaría en él. La vergüenza y la inseguridad en sí mismo alejaban al sexo de su mente. Este caso es similar a lo que sucede a las mujeres que pueden perder el interés sexual después de una mastectomía o alguna otra cirugía. Ella fomenta la idea de que no es atractiva, de modo que defensivamente evita la intimidad y, por lo tanto el rechazo.

Sabemos que estos hombres y mujeres no están sexualmente acabados. Estos hombres y mujeres pueden mostrar algún interés en el sexo —leyendo textos pornográficos, viendo películas eróticas, hablando o pensando al respecto—, pero aun así no tener el deseo real de iniciar y completar un acto sexual. Esto es, carecen de "sensualidad"; es decir, de esa sensación de urgencia por el sexo.

Algunas veces, tanto los hombres como las mujeres pueden tener imágenes negativas tan fuertes o incluso aversión en lo que a los órganos sexuales se refiere, que no les agrada pensar en el sexo. Tienen la idea que los órganos sexuales son sucios, que son en cierto modo peligrosos, o bien, los instrumentos de las tentaciones diabólicas. Incluso pueden tener el terror irracional de que de alguna manera la vagina puede dañar al pene. Cuando una persona no desea pensar en absoluto acerca del sexo, cuando no puede escuchar, hablar o hacer nada al respecto sin incomodarse, se trata quizá de un problema hondamente arraigado para el sicoterapeuta, quien debe descubrir estos severos bloqueos emocionales contra el sexo. El terapeuta sexual sólo puede ayudar a sugerir si este tipo de procedimiento es necesario, pero por lo regular no intentará tratar directamente los bloqueos sicológicos fuertes sin la ayuda coordinada de otros terapeutas. Si usted sufre los problemas menos severos de pérdida de deseo sexual, en los capítulos 8 y 9 discutiremos las acciones que puede llevar a la práctica para resolver estos problemas.

Los hombres tienen otras preocupaciones que no son tan inquietantes como no ser capaz de tener una erección o la pérdida de deseo. El tiempo de recuperación posterior a la eyaculación constituye un factor importante de los sentimientos de un hombre en cuanto a su vigor y sexualidad.

Este tiempo de recuperación es lo que denominamos periodo de refracción, el cual implica situaciones sicológicas y la capacidad del cuerpo para regenerar los fluidos seminales para la eyaculación. Algunas demoras del periodo de recuperación pueden ser circunstanciales —y las discutiremos en los capítulos 8 y 9. De otra manera, un periodo más prolongado de refracción puede cumplir sólo con el proceso natural de envejecimiento. En este caso, debemos aprender a ser un poco más creativos e imaginativos para ayudar a la naturaleza. Pero recordemos que el periodo de refracción es distinto para cada hombre. Para algunos pueden ser horas, pero para otros pueden ser días. Para unos pocos, por lo regular cuando son muy jóvenes, inclusive pueden ser minutos. En cualquier caso, si un hombre está preocupado por la duración de su periodo de recuperación, existen maneras de reducirlo.

Otros problemas

Existe otra clase de problema masculino que involucra la fuerza e intensidad percibidas durante el orgasmo. El hombre asegura que ya no lo disfruta tanto como antes. Tal vez no pueda expresar adecuadamente la diferencia, pero sabe que la fuerza y su propio placer durante la eyaculación han disminuido. Este es un problema muy subjetivo, porque —al igual que con cualquier otra experiencia en que se implica la apreciación de una experiencia sensorial o sensual— éste depende en gran medida de la posición que se adopte, las expectativas, el ánimo, la pareja, las condiciones de salud del hombre y un sinnúmero de otros factores circunstanciales y extraños. Entre algunas mujeres también se puede encontrar una pérdida de la intensidad de la respuesta orgásmica. Estas decepciones circunstanciales usualmente son solucionadas creando las condiciones ideales que el individuo piensa que produzcan los orgasmos más satisfactorios. Ahondaremos más en el tema posteriormente.

Algunos hombres aseguran tener dificultades con la erección porque sienten algún dolor al alcanzarla, eyacular o durante el coito. Algunas veces dicho dolor se debe a las posiciones que se adoptan durante el acto sexual o a otras prácticas sexuales específicas. En todos estos casos instamos enfáticamente a los hombres a que consulten a un urólogo para estudiar las causas del dolor.

Superando los mitos

Más que problemas sexuales reales, con mucha frecuencia existen mitos sexuales que provocan ansiedad a los hombres. Por ejemplo, existe a menudo la preocupación de que la eyaculación es menor con el paso del tiempo. No obstante que pueden existir algunas condiciones patológicas intrínsecas (y si usted se encuentra preocupado, consulte a su urólogo), para la mayoría de los hombres esto simplemente refleja una disminución natural debida a la edad. La creencia de que la cantidad de semen que se eyacula refleja en cierto modo la potencia de un hombre, es consecuencia del mito machista de que un hombre debe eyacular tanto como un toro. De hecho, existen algunos hombres ignorantes del sexo que sostienen firmemente que la cantidad de semen que eyaculan es un reflejo de su masculinidad, ¡Vaya insensatez! El fluido seminal es simplemente el acto por el cual se descarga el semen en el conducto vaginal, de manera que los espermatozoides inician su trayecto.

La *masculinidad* es una cuestión de calidad social, no de cantidad física. Entre otras cosas, la verdadera masculinidad se vincula con la manera en que un hombre se relaciona con una mujer: qué tan considerado es, qué tan amoroso es, qué tan capaz es de excitar y complacer a la mujer y qué tan sensible es él a las necesidades emocionales y físicas de ésta. El valor de un hombre como amante no puede medirse en cantidad de eyaculación ni en longitud del pene erecto.

Este mito machista referente a la cantidad de eyaculación tiene otro aspecto; existen hombres que se preocupan porque al ser mayor de edad, la fuerza de la eyaculación es menor. En vez de ser expulsado en chorro a ciertas pulgadas de distancia, se quejan de que el semen sólo gotea. Esto puede deberse a algunos problemas físicos —de nuevo, consulte a su urólogo—, por lo que en la mayoría de los hombres tal situación no indica ningún problema. Ciertamente no tiene nada que ver con qué tan buen amante es o si es capaz de procrear más hijos. La calidad de los orgasmos y la vida amorosa de un hombre depende de la sexualidad mental, no de la fuerza y volumen de sus fluidos seminales. Un hombre de ochenta años de edad puede sostener una buena relación amorosa, activa y satisfactoria, mientras que un joven de veinte años con su potencial intrínseco puede llevar una vida sexual insatisfactoria y sin amor.

Ahora no confunda el goteo de semen durante el orgasmo con el "rezumadero"; esto es, cuando no hay excitación sexual ni emisión nocturna acompañada de un orgasmo, el semen gotea lentamente sin ninguna sensación importante. Si esto ocurre, se debe consultar a un urólogo.

El rezumadero no debe confundirse con una gota preeyaculatoria que puede contener semen. Esto sucede a menudo durante la excitación sexual y en definitiva es un fenómeno normal. Esta gota no es motivo de preocupación, pero prueba que la técnica del coito interrumpido es un método de contracepción poco confiable. Si alguna de estas gotas contiene espermatozoides, sin eyacular, un hombre puede embarazar a una mujer.

En ocasiones se presenta un rezumadero de semen ya sea al evacuar u orinar. Esto puede ser normal, e indicará que el sujeto no ha tenido una eyaculación en algún tiempo. Sin embargo, para algunos, tal hecho puede indicar una mala condición urológica. Si esto le sucede más que en raras ocasiones debe consultar a un urólogo. ¿Qué? ¿No tiene un urólogo? ¡No hay excusas! Tanto como una mujer necesita consultar a un ginecólogo para asegurarse del bienestar de su organismo, todos los hombres necesitan un urólogo de confianza para atender cualquier problema que pudiera presentársele. Es frecuente que muchos hombres que presentan problemas sexuales o genitales se demoren en visitar a un médico porque se sienten incómodos al hablar sobre los temas en cuestión. ¡No sea uno de ellos! ¡La salud y sus genitales merecen más respeto!

Dolor en los testículos

Los "testículos morados" es algo que casi todos los chicos adolescentes conocen, pero que a veces olvidan al llegar a adultos. Esta es una condición dolorosa que involucra al pene y a los testículos, y se debe a la excitación sexual repetida y prolongada sin eyaculación subsecuente. Cuando existe un congestionamiento de sangre en esta área sin alivio orgásmico, puede haber mucha molestia o dolor. (A las mujeres les sucede algo similar, pero no hay un término popular que lo describa. Quizá algo como "labios morados" debería formar parte del vocabulario). Algunas veces, los adultos sufren de "testículos morados" cuando han experimentado incitación sexual por algún tiempo, pero no han tenido una pareja que les ayude a satisfacer sus necesidades. La solución para esta condición es simple: necesita sostener relaciones sexuales con alguien o masturbarse. Si no puede o no desea eyacular mediante el coito o la masturbación (quizá debido a razones religiosas), entonces evite la estimulación sexual. Tomar una ducha fría o correr alrededor de la cuadra, son soluciones tontas. Los cuerpos de los hombres y de las mujeres están diseñados para tener relaciones sexuales —sin nuestros instintos y necesidades sexuales la raza humana habría desaparecido. Fuimos creados para tener relaciones sexuales. Cumplamos con la naturaleza de la manera más sana, ética, responsable, amorosa y satisfactoria que podamos.

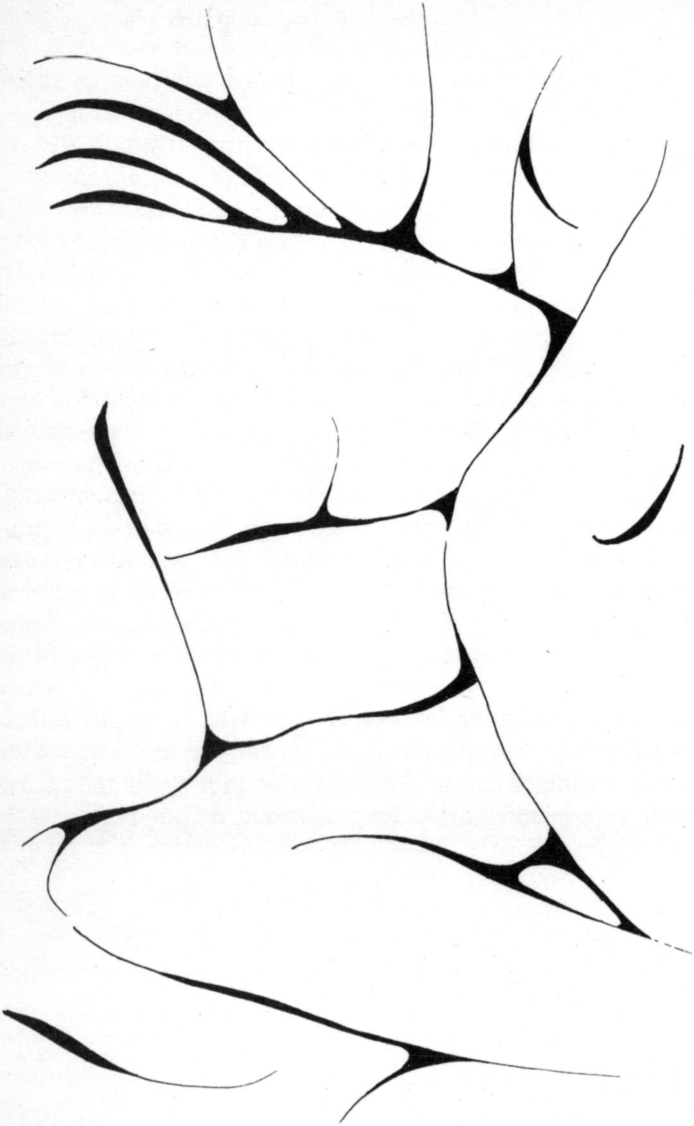

CAPÍTULO
4

Relájese y disfrute: Técnicas para...

Antes de recomendar la manera específica para combatir los problemas que mencionamos en los últimos dos capítulos, es importante desarrollar las habilidades para crear el medio ambiente y las condiciones apropiadas tanto en su interior, como en el ambiente que le rodea. Nos referimos a aquellas habilidades que muchas personas como usted *necesitan* para preparar el camino hacia el sexo satisfactorio. De hecho, estas habilidades son útiles para todos nosotros en las actividades que desarrollamos diariamente —en el trabajo, el hogar y el juego— y no sólo se aplican y resultan efectivas al erradicar las dificultades sexuales.

Muchos profesionales de la salud consideran que entre las habilidades más importantes que todos los seres humanos necesitamos, se encuentran las diferentes formas de reducir el estrés. Antes de que las personas puedan *empezar* a controlar sus problemas sexuales, primero que nada deben aprender a controlar los problemas de estrés,

¿Por qué? Porque el buen sexo no se mezcla con el estrés, la tensión ni la ansiedad.

Debemos aprender diferentes tipos de técnicas de relajación para diferentes situaciones. Necesitamos desarrollar técnicas de relajación social; es decir, tenemos que aprender a controlar ciertos factores ambientales que pueden causarnos estrés; la relajación estética, que consiste en crear un estado de ánimo y un ambiente físico que nos conduce a la relajación (velas, música, vino, etcétera) y las técnicas de relajación física. Estas últimas pueden ayudar a muchas personas a reducir el estrés que está interfiriendo con la acción de reflejo espontáneo en el orgasmo femenino y masculino. En los hombres, este estrés o ansiedad puede inhibir su respuesta orgásmica y aun causarles una eyaculación prematura —dos problemas que acabamos de abordar en el capítulo 3. La eyaculación antes de la penetración o poco después de ésta se relaciona con el nerviosismo.

Durante los últimos diez años diversos médicos y sicólogos han investigado ampliamente el impacto que ejerce el estrés sobre la vida de un individuo. En lo que se refiere a la salud física, sabemos que a menos de que la persona pueda reducir o manejar una gran parte del estrés diario, padecerá de úlceras, problemas del corazón, alta presión sanguínea y una serie de enfermedades físicas, Parece ser que día a día aprendemos más sobre los efectos dañinos que tiene el estrés en el cuerpo. A nivel sicológico, todo parece indicar que el estrés puede interferir con el funcionamiento emocional y libidinal normal. Para la mayoría de las personas, no hay duda de que el estrés puede ser un total inhibidor de la excitación sexual, de los sentimientos sexuales y de los placeres sensuales.

Creemos que en muchos casos se puede culpar al estrés por lo que podría parecer una disfunción sexual o un problema de insatisfacción sexual. Antes de que empiece a practicar los ejercicios que le sugerimos más adelante, deberá conocerse a sí mismo y determinar si el estrés está bloqueando su habilidad para relajarse.

Bueno, pero ¿a qué nos referimos con el término estrés? La persona que ha tenido más impacto dentro de la profesión médica en esta área fue el gran médico Hans Seyle, quien murió hace apenas unos años. Él descubrió que todos los seres humanos, al igual que otros animales, reaccionan con lo que llamó "el síndrome de vuelo o pelea" cuando saben que están en peligro. Algo podría estar amenazando su existencia física o, en el caso de humanos muy sensibles, su bienestar sicológico o social —incluso la imagen que tienen de sí mismos–Seyle señaló y analizó todas las cosas que le suceden a nuestros cuerpos cuando creemos estar en alguna clase de peligro: nuestro corazón late más rápido, algunos de los músculos se tensan, es probable que las pupilas se dilaten, aumenta la presión sanguínea, la respiración se acelera y se torna poco profunda, sobreviene el sudor frío, la producción de adrenalina se incrementa, etcétera. En esta forma, la naturaleza pone en alerta al organismo para luchar contra aquello que nos está amenazando o para permitir que corramos tan rápido como nos sea posible para alejarnos del peligro. El cuerpo humano heredó este mecanismo de supervivencia desde el principio de la humanidad.

Seyle y otros investigadores de este "síndrome de vuelo o pelea" señalan que una vez que sabemos que estamos fuera de peligro, este síndrome se desvanece y nuestras funciones regresan a la normalidad. Pero actualmente, en nuestro mundo más civilizado, las cosas son más complicadas. En nuestros días, no escapamos de los dinosaurios ni luchamos contra los tigres dientes de sable, pero nos enfrentamos a temores sociales, sicológicos y económicos. Nos preocupamos por mantener el empleo, por no tener dinero, por estar envejeciendo, por lo que piensa el vecino sobre nuestro auto que ya tiene seis años, por si somos los suficientemente hombres o mujeres para evitar que nuestro cónyuge nos abandone y por muchas cosas más.

Algunas personas temen caminar de su carro a su casa por la noche, mientras que otras se preocupan por la situación internacional. Si los comparamos con los peligros físicos a los que se enfrentaba un cazador en la Era de Piedra, estos problemas pueden parecer triviales, pero nosotros —los modernos guerreros corporativos o recaudadores de ingresos—, nos sentimos igual de "aterrados", "ansiosos", "nerviosos" o "incómodos", sinónimos todos de la reacción que sentimos en las entrañas cuando el "síndrome de vuelo o pelea" se enciende en nuestro cuerpo —cuando simplemente nos enfrentamos a un peligro sicológico o emocional aun para nuestra autoestima— Nuestras preocupaciones son tan reales y estresantes como lo pueden ser los peligros físicos. Pero si se da cuenta de que su jefe está amenazando su estilo de vida al despedirlo, no puede asesinarlo —y no siempre puede renunciar cuando lo desea–Si su ego se ve amenazado porque su esposo o esposa ya no está loco por usted, es probable que su comportamiento civilizado y sus creencias religiosas, así como su preocupación por los hijos, no le permitan separarse. Sin embargo, debe aprender a controlar el impacto que tiene el estrés sobre usted. Ahora, si no apagamos este mecanismo de protección alejándonos de la fuente de estrés, o aprendiendo a manejarlo, esa tensión permanecerá con nosotros. Y, de acuerdo con lo que tratamos en este libro, la consecuencia de este estrés es que nos llena de preocupaciones y ansiedades que obstaculizan nuestra capacidad para tener una buena experiencia sexual.

Entonces, ¿qué debemos hacer con el estrés que nos llevamos a la cama? No siempre es fácil erradicar la fuente del estrés. No podemos garantizarnos una seguridad en el trabajo o una buena cuenta en el banco, tampoco podemos evitar el proceso de envejecimiento. No siempre podemos competir con el vecino y es imposible que encerremos a nuestro cónyuge descarriado. Por fortuna, existe una manera de reducir el resultado final de este estrés. Requiere de una habilidad que todos llevamos dentro y que se puede activar de una forma u otra.

Un gran médico, Herbert Benson, trabajó sobre el mecanismo que nos permite apagar el "síndrome de vuelo o pelea". Creía que podríamos sufrir un gran daño físico y sicológico si no lo hacíamos así. Pensó que si la naturaleza era tan sabia como para otorgarnos este síndrome que nos protege en forma temporal incrementando nuestra fuerza muscular y rapidez mental para correr o pelear, entonces también nos tendría que haber proporcionado un medio para controlarlo a voluntad.

El Dr. Benson identificó un mecanismo de control sicológico que ya tenemos en nosotros y que nos permite manejar el estrés a un nivel muy personal y seguro. A éste le llamó "respuesta de relajación" y lo describe en el libro del mismo nombre. El investigador señala que existen muchas maneras en que una persona puede evitar el estrés por medio de técnicas de relajación, tales como la práctica de diferentes actividades atléticas, el control de la respiración, la meditación o la oración. Pero sugiere que una forma fácil de apagar el "síndrome de vuelo o pelea" es con la "respuesta de relajación". También sabía que el reducir el estrés por medio de ésta podía ayudar a una persona estresada a recuperar su capacidad para tener mejores relaciones sexuales.

En cuestiones sexuales, el problema del estrés es particularmente agudo, porque mucha gente crea su propia ansiedad sexual. Un hombre puede preocuparse al pensar: "¿seré capaz de mantener mi erección?". Y una mujer lo hace al cavilar: "¿lo podré complacer lo suficiente?".

Debido a este estrés, ninguno de los dos se desempeñará adecuadamente —su ansiedad sexual se convierte en una profecía que se cumple por sí misma—Encontramos que muchas personas que tienen problemas sexuales enfrentan estas imágenes negativas, estas ansiedades, cuando tienen relaciones sexuales y que debemos ayudarlas a evitar esta forma de pensar negativa.

Pero ¿qué puede hacer para reducir el estrés que se mete a la cama junto a usted? Bueno, primero se encuentra la técnica que nos recomienda el Dr. Benson en su libro. Es un ejercicio de meditación muy sencillo que debe realizarse dos veces al día durante veinte minutos cada sesión. En esencia, se reduce a sentarse en un lugar tranquilo y cómodo, cerrar los ojos, sentir la respiración y repetir para usted el número uno cada vez que exhale. Después de unos instantes, usted no pensará en nada más. Si lo hace, repita otra vez el número uno hasta que sea lo único que ve en su mente. El objetivo es eliminar de la mente durante veinte minutos aproximadamente, cualquier pensamiento de preocupación o remordimiento. Sabemos que suena demasiado sencillo para ser cierto, pero muchas personas que han llevado a cabo este ejercicio y otras formas de meditación han recibido ayuda en muchos aspectos de su vida en los que los problemas se debían en parte al estrés incluyendo problemas físicos. Pregunte a su médico sobre esta técnica, porque cada vez más doctores aconsejan a sus pacientes que aprendan estas técnicas que reducen el estrés. Él podrá recomendarle algún lugar cerca de su hogar, en donde aprenderá mucho más acerca de estos ejercicios de meditación sencillos, seguros y efectivos.

Asimismo, mucha gente prefiere los medios físicos para eliminar los pensamientos estresantes. Estos tienden a ser actividades atléticas que llevan a la gente hasta el límite de sus capacidades físicas: esquí, tenis, alpinismo, raquetbol, handbol, carreras, etcétera. No estamos completamente de acuerdo con las razones que se esgrimen y que aseguran que estos deportes reducen el estrés, pero muchos de ellos le funcionan a la gente. Algunas personas afirman que se debe a que estas actividades liberan un químico en el cerebro que nos tranquiliza, otras señalan que es porque ayudan a que aumente la autoestima y la confianza en uno mismo. Existe todavía otro grupo que asegura que todo se debe al alto grado de concentración que se necesita para desempeñar correctamente a niveles más avanzados estos deportes y que esta concentración hace las veces de la meditación en la "respuesta de relajación".

Mientras se encuentra totalmente concentrado en una actividad física, no puede pensar sobre el plazo que le dieron en su trabajo, ni sobre los problemas familiares y demás. Esto no parece funcionar, por ejemplo, con la caminata, porque con frecuencia mientras usted camina piensa aún más en sus problemas, ya que su mente no tiene otra cosa qué hacer. Sin embargo, si practica la caminata "rápida" o "trote", que requiere de mucha concentración, puede ser de gran ayuda para reducir el estrés en la forma antes descrita. Tampoco son útiles las actividades de entretenimiento, como ver televisión o acudir al cine. Con frecuencia, en ellas se presenta la oportunidad de identificarse con los personajes que están sometidos a situaciones de estrés y que nos recuerdan nuestras propias ansiedades. Aun la pesca, que para mucha gente resume las actividades de relajación, con demasiada frecuencia permite que la mente divague hacia recuerdos y pensamientos que conducen al estrés mientras espera a que el pez muerda el anzuelo.

Lo que se busca es crear una situación en la que su cerebro viaje a "la nada" durante veinte minutos y por lo menos dos veces al día. Durante estos veinte minutos engaña a su cerebro alejándolo de cualquier grado de "síndrome de vuelo o pelea" que pueda estar presente, haciéndolo creer que todo está en calma —no existen amenazas sicológicas ni sociales en contra de nuestra autoestima o nuestro bienestar.

Para algunas personas, las técnicas de "respuesta de relajación" de Benson y la meditación no funcionan porque no se ajustan a su personalidad. Para otras, los ejercicios atléticos muy extenuantes no les van bien por problemas de salud o alguna otra razón. Por fortuna, existen muchas otras actividades sencillas que la gente puede realizar para reducir el estrés, dependiendo de cuáles sean sus intereses e inclinaciones:

Oración

Busque un lugar tranquilo en su iglesia o templo y, con los ojos cerrados, recite en la mente una oración de una sola línea durante veinte minutos. Permita que la oración ocupe todo su consciente, para que aunque ya no piense lo que está diciendo, sea esto lo que esté ocupando su mente.

Música

En un lugar cómodo y tranquilo de su casa, escuche una melodía que sea de su agrado. Es preferible que escuche música suave; hágalo con los ojos cerrados. Imagine que usted y la música son uno solo. No piense en ella; sienta su presencia en su interior hasta que se eleve con la melodía. Hemos observado que la música que llamamos *carismática* —como los cantos gregorianos, la música hebrea religiosa, la música religiosa ejecutada en el órgano o la música de los evangelios— funciona muy bien para mucha gente.

Poesía

Escuche un disco de poesía con los ojos cerrados y en un lugar privado y tranquilo. No trate de pensar en lo que significa tal o cual frase. Permita que las imágenes vayan más allá de su mente consciente, de modo que sienta la poesía como si usted y el poeta fueran una misma persona. ¿No es curioso pensar en qué tan poca gente todavía lee o escucha poesía? Es la música de las palabras. Para muchas personas, ésta puede proporcionar una experiencia de serenidad como ninguna otra cosa.¡Inténtelo, le va a gustar!

Sonidos Ambientales

Asista a un lugar tranquilo en donde pueda escuchar grabaciones de los sonidos que producen la lluvia, el viento o las olas al romper en la playa. Estas grabaciones ya están disponibles en cualquier tienda de discos; si no las tienen, las puede ordenar. Escuche estos sonidos en la misma forma en que recomendamos que lo haga con la música y la poesía. No los utilice como fondo musical para sus pensamientos. Concéntrese en los sonidos hasta que se olvide de su cuerpo y de sus pensamientos. Una vez más, permita que su cuerpo sea uno sólo con los sonidos.

Baile

El baile también puede reducir el estrés; como el típico baile americano, las danzas europeas en círculos y casi todos los tipos de danza folclórica. Algunos escritores, como el médico Andrew Weil, creen que muchos bailes, en particular aquellos en que la gente gira una y otra vez, pueden —al igual que la meditación— cubrir necesidades innatas de "estados alterados de conciencia" y constituyen la versión adulta de los giros que dan los niños de todo el mundo. El ballet, a pesar de que es una disciplina más formal y que requiere de más entrenamiento, es otra forma eficaz para reducir el estrés.

Veleo

Cuando ha alcanzado un nivel de conocimientos en el que ya no tenga que estar pensando en lo que está haciendo, sino que pueda fundirse con el agua, el viento, el sol y el velero, podrá experimentar un sentimiento de paz y relajación que está más allá de las palabras. Puede ser lo que el sicólogo Abraham Maslow llamó una experiencia cumbre, una que lo eleve más allá de las experiencias cotidianas. Albert Einstein utilizaba el veleo como la antítesis del mundo intelectual en el que vivía —para él, el veleo constituía un mundo que llegaba a ser físico y espiritual a la vez. Recuerde, muchas personas han dicho que la mejor relación sexual es cuando, a través del amor, las parejas crean un ambiente en el cual también se une lo físico a lo espiritual.

A excepción tal vez de uno o dos vasos de vino antes de la cena o con ésta, el alcohol, al igual que otras drogas, no nos relajan. No reducen el estrés. Lo único que hacen es engañar a la parte pensante del cerebro —es decir, su estado consciente— al hacerla creer que todo está más tranquilo, que las cosas son mejores, que hay menos peligro, etcétera. El estrés que estaba ahí, permanecerá; cuando bebe en exceso y trate de reducir el estrés a través de las actividades que sugerimos con anterioridad, éstas ya no van a funcionar. No podrá obtener los beneficios que debería de la meditación, la oración, la música, los deportes ni de cualquier otro medio no químico, cuando tiene alcohol en el torrente sanguíneo.

Tenemos otra sugerencia que hacerle. Ya que el principal objetivo de este libro es que usted supere sus dificultades sexuales y mejore sus habilidades para el sexo, hemos pensado que sería una muy buena idea si llevara a la práctica una o más de estas técnicas de reducción del estrés *con su pareja*. Lo ideal es que aprenda cómo hacer algo importante y placentero con alguien más —una actividad que, cuando se lleva a cabo de la manera correcta, no es dependiente del pensamiento consciente, pero sí una fuente de *sentimientos*— Pensamos que es una buena idea, porque muchas de las malas experiencias sexuales negativas de la gente se basan en el razonamiento, el pensamiento, la preocupación, en la proyección de un pensamiento sobre el otro, etcétera.

Existen momentos, como en una experiencia sexual amorosa, en que desea hacer y sentir sin que su intelecto se entrometa en la situación. Es positivo adquirir el hábito de hacer esto con su pareja para que pueda extenderlo a su vida sexual. No existen frases más dulces que "te amo" o "somos uno".

Romance

Parece ser que la mayor parte de las personas olvidan que un buen romance es uno de los medios más antiguos para reducir el estrés que se relaciona con un encuentro sexual. El concepto de romance y amor romántico, como se desarrolló en la Edad Media, significa la *idealización* de una situación. De modo que en el pensamiento romántico uno sólo veía la belleza de alguien. Se olvidaba de las imperfecciones, las arrugas, la "llantita", etcétera. Se concentraba sólo en la esencia de la persona, en relación con su belleza como tal. Como lo ha afirmado la Dra. Helen Singer Kaplan; cuando su esposo llega a casa, usted no estará propensa a excitarse si se concentra en su escaso cabello o en su estómago prominente. Pero muchas personas hacen exactamente eso con demasiada frecuencia. Puede ser que, durante el día, se sientan excitadas y que deseen tener relaciones sexuales con sus esposos o esposas, pero cuando ven a su pareja en casa y se fijan en lo negativo, quisieran salir volando por la ventana. Las personas deben concentrarse en los aspectos positivos de su pareja y establecer *condiciones románticas* que favorezcan el deseo en lugar de combatirlo.

Por ejemplo, el hombre o mujer puede tomar un *baño de burbujas a la luz de las velas,* mientras su pareja le ayuda a bañarse tallándole la espalda, ofreciéndole un poco de vino o leyéndole algunos poemas románticos. Después pueden alterar los roles. Suena cursi, pero ¡es romántico! Si no lo pueden hacer porque tienen niños en casa, acudan a un motel de vez en cuando o manden a los niños a dormir con sus abuelos. Desde luego, que esos eventos tienen que planearse, pero la falta de espontaneidad no disminuirá la diversión ni el beneficio que esto les traerá. El sexo es una parte tan importante de la felicidad conyugal, que debe tomarse el tiempo que sea necesario. Después de todo ¿qué es más importante: el sexo o ir a jugar boliche? ¡No conteste, por favor!

El baño, además de la limpieza, tiene otras implicaciones románticas, de acuerdo a nuestra forma de pensar. Parece ser que cada vez más personas se dan un regaderazo en vez de tomar un baño. ¿Por qué? Porque en la actualidad la gente vive más aprisa. Un regaderazo es un acto de meterse, asearse y salirse —un acto funcional sin ninguna experiencia sensual real para la mayoría. Tal vez se trate de una analogía imperfecta, pero a nosotros nos parece una reminiscencia del sexo rápido por el cual se ha criticado a los hombres. Ambos actos son similares en el hecho de que la necesidad se antepone a las posibles experiencias sensuales de una actividad más prolongada.

Creemos que la gente debería ser más lujuriosa respecto a los placeres sensuales de su propio cuerpo. Aun cuando se encuentre solo, tome un baño de burbujas y utilice aceites para baño. Escuche música suave mientras se sumerge en la tina y piensa cosas placenteras. Aprenderá a crear un sentimiento de anticipación romántica mientras más días a la semana lo haga. Lávese lentamente y concéntrese en las sensaciones que le provocan sus manos el tocar todas y cada una de las partes del cuerpo en forma sensual y amorosa. No creemos que ésta sea una actividad trivial para cualquier persona de cualquier edad. Al contrario, pensamos que puede conducir a un sentimiento de aceptación de uno mismo y al desarrollo de una imagen propia más positiva; incluso es buena para la salud física y mental. ¿Por qué decimos esto? Porque creemos que al tomar un largo y sensual baño se está construyendo un puente entre la realidad del mundo, que puede ser estresante, y lo que usted está tratando de alcanzar por medio de una buena relación sexual en la cama —que no se puede lograr si no se reduce el estrés—Entre el mundo exterior y su habitación tiene que aprender a disminuir o controlar el estrés para que no se lo lleve con usted a la cama. Probablemente lograr esto requiera de muchos detalles, pero puede ser muy útil cualquier acto romántico que reduzca el estrés.

Baile con la mirada

Otro ejercicio efectivo para reducir el estrés y que al mismo tiempo puede ser un estimulante erótico, es una antigua técnica conocida como "el baile con la mirada". Para llevarla a cabo, siéntese en una silla cómoda completamente vestido, de frente a su pareja o cónyuge. Las luces deberán ser muy tenues y necesitarán de una música tranquila como fondo; siéntese de manera que sus rodillas apenas se toquen y tómense de las manos. Asegúrense de que su cuerpo no se encuentre en una posición incómoda. Acto seguido mírense a los ojos, *sin decir ni una palabra*, durante veinte minutos aproximadamente. Desde luego, pueden pestañear, pero traten de ver sólo a los ojos del otro mientras están tomados de las manos. Recuerde, los ojos son "las ventanas del alma" y cada uno de ustedes deberá experimentar algunas sensaciones placenteras, tranquilas, íntimas y cálidas fluyendo entre los dos. ¡Inténtelo, es fantástico!

Concentración en una flor

Éste es otro ejercicio que puede practicar cuando se encuentre solo. Consiga una flor fresca y bonita. Una vez más busque esa habitación cómoda en la que pueda tener privacía, sostenga la flor en sus manos y concéntrese en su belleza durante quince o veinte minutos. No piense en la hermosura, siéntala —advierta los colores, las tonalidades, los contornos, la textura y la esencia. Si llega a su mente cualquier pensamiento del exterior, apártelo concentrándose en la belleza de la flor que está observando. Recuerde, tanto en este ejercicio como en los anteriores, usted tiene el poder de hacer que un pensamiento cese. Puede ser que esto le tome un poco de tiempo y paciencia, pero ¿no vale la pena lograr algo de la paz que puede alcanzar al reducir el estrés y además tener mejores relaciones sexuales al ser una persona más relajada?

Luz de sol

Probablemente la manera más antigua y común de reducir el estrés es estar en contacto con la naturaleza. Las largas caminatas en lugares aislados sin el ruido mundanal pueden ser muy relajantes. Pero si no las realiza de manera correcta, éstas pueden resultar contraproducentes. Si se limita a caminar y deja que sus pensamientos viajen en cualquier dirección, con frecuencia la conciencia se inclinará hacia las cosas que le molestan en su casa o en su trabajo. Esto es exactamente lo que se trata de evitar, porque sería algo que provocara estrés en lugar de disminuirlo.

Si desea utilizar la caminata como una técnica para reducir el estrés, concéntrese en la belleza natural que lo rodea. Lo que desea no es caminar con sus problemas, sino huir de ellos. Sería de particular utilidad adquirir conocimientos sobre las flores o árboles, buscarlos e identificarlos mientras camina. Esto le ayudará a centrar sus pensamientos en la naturaleza, en vez de hacerlo en usted mismo. Muchas personas se han percatado de que la observación de aves es una forma excelente de reducir el estrés, ya que requiere de una gran concentración y la mente se aboca a encontrar e identificar un pájaro por medio de su canto, su manera de volar, la forma de su cuerpo o su plumaje. ¿Qué puede ser más bello que un ave?

Cuando esté en contacto con la naturaleza, expulse de su mente todos los pensamientos negativos que provoca la realidad del mundo. Muchas personas se han percatado que el estar en un escenario natural, completamente desnudas y sintiendo la brisa en todo su cuerpo, es una experiencia muy relajante. Desde luego, es necesario tomar ciertas precauciones para evitar que los rayos solares puedan ser dañinos; pero el tomar el sol, aun con el traje de baño puesto, puede resultar una actividad muy satisfactoria y para lograr una considerable reducción de estrés se debe realizar en un lugar tranquilo, rodeado sólo por seres queridos. En nuestro libro anterior, *Sex and Morality* (Sexo y Moralidad), hablamos sobre las playas nudistas. Explicamos que la razón más importante para pasar el tiempo en un lugar así, es el enorme sentido de relajación y reducción de estrés que provoca el nadar y asolearse desnudo. Si se siente atraído, vaya a una playa nudista para probar. Pero con o sin traje de baño, la luz solar parece tener el poder de hacer desaparecer muchas de nuestras "tristezas" cotidianas.

En cierto sentido, existen algunas raíces sicológicas muy profundas en lo que estamos planteando aquí. En vez de decir "no puedo ayudarme a mí mismo", debemos aprender a pensar "tengo la capacidad de deshacerme de los pensamientos negativos o que me distraen y que interfieren en mi vida". Es muy importante entender que nosotros tenemos la habilidad de controlar nuestros pensamientos, comportamientos y pasiones, sin permitir que las circunstancias o las emociones nos agobien o ejerzan un control sobre nuestra persona. Por ejemplo, sabemos que dos de los problemas más serios de nuestra sociedad —el alcoholismo y la adicción a las drogas— son el resultado de la pérdida del control cuando se emplean estas sustancias o una incapacidad de dejar de utilizarlas aun cuando se desee hacerlo. Necesitamos de mucha práctica para desarrollar la fe en nosotros mismos, así como una vida espiritual que nos pueda ayudar a cambiar los pensamientos y comportamientos negativos en todas las áreas de nuestra vida.

Esto es en especial importante, porque sabemos que el estrés, los pensamientos negativos y las dudas en nosotros mismos, interfieren en nuestra relación marital, en las relaciones sexuales y en el reflejo espontáneo del orgasmo que se necesita para tener una vida amorosa satisfactoria. En este capítulo y en los subsecuentes deseamos, a través de estos sencillos ejercicios ayudarlo a ejercer cierto control sobre algunas circunstancias de nuestra vida. Es importante lograr aunque sea un poco de éxito al aprender a superar incluso un problema trivial.

El estrés, como un virus, puede ser trasmitido por los amigos y conocidos que le rodean. Es decir, la negatividad y las dudas que tienen sobre sí mismos generados por *su propio* estrés, son contagiosas. Estos "amigos" parecen contaminar y deprimir a las personas que están a su alrededor, porque son gente "deprimida" y pesimista. Si usted les confía que le gustaría darle más sabor a su vida sexual dentro del matrimonio, le dirán que "actúe de acuerdo con la edad que tiene". Piensan que todos los que les rodean deben ser tan poco alegres como ellos. Todo mundo conocemos a alguien así. Asegúrese de no tener cerca a muchas personas así que le supriman su energía y alegría. Si tiene un amigo que siempre le hace sentir deprimido, aléjese de él. Con "amigos" así, ¿quién necesita enemigos? Esto no quiere decir que debe ser insensible al problema que tenga un amigo, pero esté alerta para saber si el hablar de problemas —ya sean de usted o de él— parece ser la única "alegría" en la vida de esa persona.

Existe un problema en especial del que nos gustaría hablar: el de la soledad. Esta sombra puede caer en su vida por ser viudo, divorciado, porque los transfieran a otra ciudad o por cualquier otra razón. ¿Por qué tratamos este tema en un capítulo que habla sobre cómo superar el estrés? Porque es seguro que la soledad produce una gran cantidad de estrés en casi toda la gente. Los humanos necesitamos estar rodeados de otros humanos. No se trata de que las personas puedan estar *solas* si así lo desean. Incluso podemos disfrutar de estar solos algunas veces, pero no es fácil olvidarse de los sentimientos agradables y especiales cuando estamos con alguien que nos ama y a quien amamos, ni tampoco cuando experimentamos la intimidad de las relaciones entre dos. Cuando cambian las circunstancias y no tenemos control sobre ellas, nos sentimos solos y hasta abandonados, y entonces surge el estrés. ¿Qué podemos hacer al respecto?

Pensamos que el *primer paso* consiste en examinar sus propias circunstancias y comprender que si está solo, es porque usted mismo lo ha permitido. No es una vergüenza ni un defecto estar solo, pero algunas personas tratan de negarlo y aparentan felicidad. Algunas llegan incluso a pensar que siempre están contentas cuando están solas —aun cuando muy en el fondo sepan que no es así. — Una vez que usted reconozca que se siente solo, puede tomar las medidas necesarias para cambiar de situación. Un estudio reciente que se presentó en *Modern Maturity* (Madurez Moderna) señala que las personas viudas y que tienen mascotas que les hacen compañía, están más propensas a la salud, que aquellas que viven solas y no tiene animales en casa. Las razones que se arguyen son que esta gente ofrece algo de sí a sus mascotas, dan amor y cuidado y las alimentan tal como lo hacían con sus hijos y cónyuges cuando eran más jóvenes. Al dar algo de sí y sentir alguna preocupación por sus animalitos, piensan en ellos mismos y por tanto se preocupan menos. En cierta forma, el estrés se desvía y se reduce en casi la misma manera de la que hablamos con anterioridad en este mismo capítulo al tratar el tema de las técnicas de relajación. Estos propietarios de mascotas han restado importancia a los pensamientos negativos en su mente y han provocado el surgimiento de sentimientos más positivos. De manera similar, otras actividades que alejan a las personas solitarias de su aislamiento y que las inducen a las reuniones sociales activas, pueden ayudar a reducir el estrés que muchas de ellas experimentan por encontrarse solas, sobre todo cuando tienen una edad media o son mayores.

Finalmente, hablemos sobre la actividad para reducir el estrés más antigua y que para mucha gente es la mejor: la religión. Al parecer, en las últimas décadas la gente ha minimizado cada vez más la importancia de la religión en su vida. Es cierto, hay ocasiones en que las principales corrientes religiosas parecen contradecirse en la moral, la ética y los valores en los que sus seguidores creen y practican con sinceridad en la vida diaria. Tratamos este tema en forma amplia en nuestro libro anterior *Sex and Morality* (Sexo y Moralidad). No obstante, cierto desacuerdo en cuanto a los dogmas o rituales específicos no significa que la religión no pueda seguir siendo una fuerza poderosa en nuestras vidas. La religión canaliza la ansiedad y el estrés producto de esas profundas preguntas, dudas y temores que todos los humanos tenemos por la mortalidad. Recuerde, es la religión y no la ciencia la que trata los aspectos que están más allá de nuestra comprensión —como la muerte y lo desconocido.

La religión no tiene por qué significar todo o nada. Usted puede tener el control de su propia religión y hacerla más significativa para *usted*. Si pertenece a alguna iglesia o templo donde no parezca haber actividades e intereses suficientes y adecuadas para usted, tome la iniciativa y dedique algo de su talento y energía a hacerlo un mejor lugar para otros, así como para usted mismo. Las ceremonias ritualizadas, la repetición de cantos, melodías y oraciones familiares en tiempos de júbilo y de confusión, añaden una continuidad que es muy necesaria, mediante el ritual que puede ser de gran satisfacción para mucha gente. Aun quienes no creen, experimentar un sentimiento de paz durante dichos rituales y ceremonias familiares.

Algunas iglesias y templos han tomado importantes medidas para ofrecer a sus seguidores un mundo con menos estrés y más nutrimento espiritual, creando familias "extendidas" artificiales de 25 a 50 personas que se reúnen con regularidad después de las cenas y celebraciones. También actúan como un sistema de apoyo para compartir las penas al igual que la alegría, en un marco de estimulación intelectual y disipación de la soledad. Estos grupos pueden ser muy valiosos en la reducción del estrés de los recién llegados o de cualquier persona en situación de crisis, como el divorcio o la pena por el fallecimiento de un ser querido.

En resumen, mientras no sepamos si cualquier problema sexual particular se debe al estrés, es importante que entienda el papel que juega éste antes de concluir que un problema radica en algo más. Aun cuando no hay ningún problema de disfunción sexual, la función del estrés como un inhibidor de la respuesta y el placer sexual deseados es bien conocida y aceptada. De manera que, sin importar quién sea, maneje el estrés para adquirir más control sobre su capacidad de pensar, sentir y actuar positivamente.

❤ *CAPÍTULO* ❤
5

La tecnología moderna y el placer...

Algunas personas pueden preguntarse por qué hablamos de artefactos mecánicos y eléctricos como medios de ayuda para disfrutar las respuestas fisiológicas y sicológicas tan naturales de la experiencia sexual. Ciertamente, el sexo es una actividad muy natural, la cual es mejor cuando es espontánea y se efectúa en el marco de una relación amorosa. Pero si el sexo fuera meramente instintivo, no habría necesidad de este libro y con certeza tampoco habría necesidad de terapeutas sexuales. Por desgracia, la sexualidad humana es más compleja y como consecuencia ofrece más posibilidades de variación sobre un mismo tema.

Hombres y mujeres, jóvenes y viejos, casados y solteros, necesitan un poco de ayuda para lograr experiencias y relaciones sexuales espontáneas, naturales y satisfactorias. No porque se utilice un aparato mecánico o electrónico quiere decir que algo sea menos natural. Después de todo, es en estufas artificiales, sean estas eléctricas o de gas, que cocinamos las más maravillosas delicias sensitivas que involucran el sabor. Utilizamos instrumentos mecánicos y electrónicos para crear sonidos increíbles que son placenteros al oído. Empleamos equipos de video y sonido para crear películas que pueden inclusive ser intelectual y emocionalmente excitantes, así como visualmente sorprendentes. Como puede ver, no son sólo los artefactos mecánicos o electrónicos lo que cuenta, sino más bien los resultados tan humanos y naturales que se mejoran.

No sugerimos incrementar el placer sensual a costa del desgaste natural, pero sabemos que la tecnología puede mejorar nuestras relaciones con los demás y con nosotros mismos. En este capítulo intentaremos guiarle en el uso de estos instrumentos domésticos para incrementar en general su salud, relajación y conciencia sensual. En los capítulos 8 y 9 le diremos cómo emplear estos instrumentos para trabajar sobre los problemas y disfunciones sexuales que pueda tener.

¿De qué tipos de magia tecnológica moderna estamos hablando? Nada con fibras ópticas o microcircuitos, nada que requiera de algún grado de ingeniería. Nos referimos a cosas agradables y placenteras, como bañeras calientes, tinas de hidromasaje, vibradores y artículos para masaje. La utilización de éstos y otros aparatos bajo su control enseñará a su cuerpo a experimentar cada vez más placer sensual en un medio y estado de relajación en aumento. Nótese que decimos sensual y no sexual. La distinción que en este capítulo hacemos, sugiere un mejoramiento del placer corporal aunque no orientado específicamente hacia el orgasmo. No obstante que algunos de estos aparatos pueden emplearse para alcanzar un orgasmo, practique por ahora el placer sensual como un fin por sí mismo —y no sólo como un medio para el placer orgásmico—. Y no se preocupe, en el capítulo 8 nos concentraremos de manera más específica en la función orgásmica.

Estamos tomando el camino sensitivo hacia la satisfacción sexual debido a una creencia que la gente comparte. La teoría dice que la gente que durante años experimenta el placer sensitivo tiene mayor facilidad para alcanzar el clímax. Ya que estas personas conocen tan bien su respuesta corporal, inconscientemente emplean trucos sutiles para maximizar su estimulación. En cierta forma, controlan con gran maestría sus órganos del placer. Como lo discutimos en el capítulo 3, se piensa que una de las razones por la que los hombres parecen menos susceptibles a presentar problemas orgásmicos, es que cuando ellos son jóvenes se estimulan a sí mismos con mayor frecuencia que las mujeres. Para los chicos es mucho más fácil; cuando practican la masturbación sienten menos culpa, porque a menudo hacen alarde de ello con otros chicos. A diferencia de las chicas, existe un grupo masculino para apoyar la autoincitación erótica. Debido a que los genitales masculinos son externos, un hombre joven está acostumbrado a tocarse al orinar o bañarse y tiende a conocer la apariencia de este órgano en todas sus etapas de excitación. Las chicas son menos susceptibles de tener igual familiaridad con sus genitales. Sin embargo, no todos los hombres tienen facilidad en lo que a la autoincitación erótica respecta, así que escribimos esto para ayudar tanto a los hombres como a las mujeres a desempeñarse físicamente, de manera que sus cuerpos alcancen la sensualidad que son capaces de sentir.

Otro objetivo de esta lección de autoincitación erótica es ayudar a hombres y mujeres a reducir la ansiedad de su desempeño sexual. Ambos sexos miden su desempeño por la retroalimentación que su pareja les brinda y por lo regular son sus más estrictos críticos. Para muchas de estas personas una baja autoincitación erótica puede, por tanto, reforzar el temor de que no tienen ningún "sentimiento sexual" en absoluto. Mucha gente sufre este problema cuando, en la mayoría de los casos, puede ser fácilmente tratado y curado. En ocasiones debemos recordarnos a nosotros mismos que todos somos seres sensuales y que podemos entrenar nuestros cuerpos para apreciar mejor nuestros sentimientos sensuales. Permítanos comenzar con el instrumento más sencillo de todos.

Espejos

Una sugerencia útil es emplear un espejo. Si aun no tiene uno, debe comprar un espejo portátil de 20 a 25 centímetros de ancho. (Resulta de mayor utilidad si por la otra cara tiene un espejo de aumento .)Con este espejo puede examinar más de cerca sus partes sexuales y familiarizarse con todas las áreas de su anatomía que le dan placer erótico. Aprenda a realizar esta asociación de imágenes y sensaciones, lo cual puede resultar muy útil para el uso posterior de la fantasía como un medio de mejorar la incitación y respuesta erótica. Recuéstese cómodamente apoyándose en cojines y, con el espejo, examine sus genitales y otras partes del cuerpo conforme las toca. Familiarícese con el aspecto de sus genitales tanto como lo hace con la palma de su mano.

Cámaras portátiles de video

En la actualidad mucha gente posee una de estas pequeñas cámaras portátiles de video que usa cuando vacaciona, en las fiestas de cumpleaños de sus hijos y demás. El no tener que mandar el video a procesar, como sucedía con las antiguas cámaras de filmación, y el hecho de que el video puede borrarse en cualquier momento, ha alentado a muchas parejas a emplear la cámara de video en forma muy imaginativa. Para los propósitos de este capítulo, le sugerimos que emplee una de estas cámaras de la misma manera que podría utilizar un espejo. Dispóngase a conocer y apreciar su cuerpo como puede ser visto por los ojos de su cónyuge o amante. Descubra sus mejores características. Observe sus gestos faciales y corporales.

Practique la apariencia que quiere proyectar a su pareja. Si no está satisfecho con la forma en que luce o se escucha al estar excitado, cámbiela. Está bajo su control. Conviértase en la estrella de la película, el héroe o la heroína que ha imaginado ser. No tiene nada de malo utilizar un poco de actuación.

El sexo no es sólo cumplir el precepto bíblico de ser fértil y multiplicarse. Es también una experiencia agradable que debe ser divertida y placentera. Primero actúe con buen sentido del humor, entonces su relación en la cama será más divertida. Recuerde lo que han dicho los sicólogos sociales: "la conducta puede modificar las actitudes y los sentimientos". Cuando se comporta de cierta manera, comienza a sentirse de dicha manera. Si comienza a comportarse de un modo más sensual al estar solo, comenzará a sentirse más sensual. Aprenda a sentirse cómodo con su propia imagen y las diversas poses, gesticulaciones y expresiones faciales que le ayudarán a lucir más seductor y atractivo. Inclusive puede encontrar estos video personales definitivamente excitantes. ¡Un poco de narcisismo es bueno para el ego! Más adelante podrá considerar el uso de una cámara de video como medio hacia la excitación erótica al estar con su cónyuge o amante. Intente ser un exquisito productor de películas románticas y sensuales para su muy privada exhibición.

Exploración corporal

¿Qué parte de su cuerpo es "erógena"? Es decir, ¿qué parte de su cuerpo le provoca, mediante el roce o la estimulación, una sensación e incitación erótica que hacen que cada vez desee más? Aparte de las áreas genitales, sería absurdo hablar de "zonas" comunes en todas las personas. Prácticamente todas las partes del cuerpo, inclusive el ombligo, pueden producir sensaciones eróticas al tocarse —desde una palmada en la cabeza hasta el contacto o beso en los dedos de los pies Todo depende de quien lo haga, cómo, cuándo y dónde. Es importante que conozca y aprenda a comunicar los gustos de su cuerpo; para ello debe tocar y estimular todas las partes de su cuerpo, dentro de los límites prácticos, con las manos, con aceites, vibradores, artículos para masaje, etcétera. Posteriormente, su pareja deberá ayudarle, tocándole y estimulándole en las áreas erógenas que ha descubierto, así como en otros lugares que usted no puede alcanzar con facilidad.

Es importante tener conciencia de que no existen dos hombres ni dos mujeres idénticos en cuanto a la capacidad erótica de cada parte del cuerpo. Esto se debe a que el erotismo no es sólo una cuestión de terminales nerviosas, es también una cuestión de percepción. Sabemos, por ejemplo, que en la mujer las terminales nerviosas que producen sensaciones eróticas se encuentran en el tercio externo de la vagina. Esto no representa tanta importancia como la sensación que *percibe* la mujer en las otras dos terceras partes de la vagina si también se les estimula. Si las partes más profundas de la vagina presentan una respuesta igual o mayor, entonces la mujer debe relajarse y disfrutar la estimulación de dicha zona. Es maravilloso si un hombre se excita cuando su mujer roza su busto contra su cabeza calva. No importa que piense que usted es la única persona en el mundo que disfruta cierto tipo de estimulación. Es su cuerpo, sólo usted conoce las sensaciones que experimenta; de tal manera, aprenda cuanto pueda en relación con su maravilloso cuerpo.

Piense en su cuerpo entero como un cartógrafo piensa en la Tierra. Usted y más adelante su pareja comenzarán a registrar los diferentes tipos y grados de sensaciones eróticas mediante la exploración de cada centímetro de su cuerpo. Después de explorar su cuerpo, continúe haciéndolo, en ocasiones con ayuda de otras personas, para conocer cada centímetro del "camino erótico". Querrá medir y clasificar la intensidad de las sensaciones eróticas de cada parte de su cuerpo: "a la parte interior del muslo le corresponde un cinco, a la parte trasera del cuello un cuatro, a los pezones un diez". Posteriormente, cuando trabaje en alcanzar un orgasmo mediante la autoestimulación o al señalar a su pareja cómo provocarle mejores orgasmos, comience con los niveles menores de estimulación, continuando con los niveles posteriores hasta alcanzar la estimulación de las áreas de "diez".

Vibradores y artículos para masaje

¿Cómo puede explorar su cuerpo? Pensamos que la mejor manera de hacerlo es utilizando un vibrador. No estamos hablando del uso de un vibrador para estimular el clítoris y alcanzar un orgasmo (ver capítulo 8), sino más bien de que los hombres y las mujeres deben emplear el vibrador para estar conscientes del modo en que la sensibilidad de la piel cambia en cada parte de su cuerpo. En este caso, el uso de un vibrador simplemente multiplica el efecto de un contacto suave en cada área. Por ejemplo, si toca el área bajo la axila y frota con un suave movimiento circular, tal vez experimente una sensación muy placentera, en cierta forma erótica. Si realiza la misma operación con un vibrador, entonces la sensación será mucho más intensa. Y si es una pareja sexy quien le aplica el vibrador en la misma zona, quizá la sensación sea inclusive más placentera.

En el mercado existen diversos tipos de vibrador, ¿cuál debe utilizar? Creemos que para esta fase "exploratoria", el tipo más útil y versátil es, por suerte, el más fácil de adquirir. Se pueden hallar en la mayoría de los almacenes y en los catálogos que envían por correo las cadenas más grandes, como Sears. Tienen el aspecto de una batidora eléctrica portátil, sólo que en vez de los accesorios metálicos, cuentan con aditamentos propios para el masaje del cuero cabelludo, la cara y áreas pequeñas del cuerpo. No es aconsejable el vibrador que también genera calor, porque a menudo se convierte en una distracción al usarlo para descubrir las partes más sensibles de su cuerpo. Pero asegúrese que cuente con un aditamento de aproximadamente cinco centímetros de diámetro y superficie convexa, el cual es útil en áreas amplias de piel, o bien con otro aditameto que mide alrededor de dos centímetros de largo y tiene la forma de un huevo delgado, el cual se usa para una identificación más precisa de pequeñas zonas del cuerpo y cuyo masaje provoca incitación erótica. Con suerte podrá hallar un vibrador que cuente con ambos aditamentos. Las marcas comerciales más conocidas de estos aparatos son Wahl, Oster y Prelude.

Existen otros tipos de vibradores en el mercado, pero pensamos que para la exploración de su cuerpo el más útil es el vibrador de "empuñadura". Otras dos variedades que se encuentran en el mercado son el vibrador tipo "sueco" y el de "varilla". El que recomendamos cuenta con un pieza cilíndrica de veinticinco centímetros de largo y en el extremo tiene un botón parecido a una perilla de puerta o una pelota de tenis ligeramente aplanada. Puede emplearse de diversas maneras para despertar incitación erótica, pero para este capítulo sólo queremos señalar que es quizá el mejor vibrador para proporcionarse (o dar a alguien más) un masaje relajante e incrementar la conciencia sensual de su cuerpo. La varilla está diseñada también para dar masaje en la espalda. Existen diversos aditamentos que se pueden adquirir para experimentar una mayor excitación sexual. Estos vibradores son usados en todo el mundo, de modo que no es sorprendente que los fabriquen compañías como Panasonic y Hitachi. Oster y Wahl ofrecen modelos de baterías.

El vibrador tipo "sueco" es el más antiguo y ha sido empleado por los masajistas durante muchos años. En ocasiones, los peluqueros lo usan para relajar los músculos de la cara y el cuello de los clientes después de cortarles el pelo y afeitarlos. No es fácil utilizar un vibrador de este tipo en uno mismo, excepto en el frente del cuerpo. Es difícil aplicárselo en la espalda debido a su peso y que se sujeta en el revés de la mano. Es adecuado para dar masaje en la espalda a otra persona. Su mayor valor radica en el hecho de que sus vibraciones se extienden a los dedos. El efecto vibratorio de los dedos intensifica la sensibilidad de la piel a que se da masaje y la mayoría de la gente prefiere un masaje con dedos humanos más que con algo artificial. Creemos que debe probar todos los tipos de vibradores para así saber cuál es el que se adapta mejor a sus necesidades. Quizá encuentre que cada aditamento presenta ventajas y desventajas para el masaje de diferentes áreas del cuerpo.

Existe un nuevo vibrador de reciente creación, es el llamado "Eroscilador" (Eroscillator). Su desarrollo es altamente especializado y pensamos que es el mejor para la estimulación de los labios vaginales y el clítoris. El Eroscilador es pequeño, mide quince centímetros de largo y tiene el aspecto de un cepillo dental eléctrico con una cabeza oscilatoria y un motor de velocidad variable. En tanto que no puede usarse para el masaje de áreas amplias y el relajamiento de músculos, es tan efectivo para la estimulación de pequeñas áreas específicas sensibles, que tal vez querrá experimentar un masaje con este tipo de vibrador. Seguramente querrá adquirirlo cuando inicie los ejercicios de estimulación del clítoris que se describen en el capítulo 8.

También existe otro tipo de vibrador, pero no ha sido del agrado de la mayoría de las mujeres con que hemos hablado. Nos referimos al vibrador que se exhibe en el aparador de una tienda de pornografía barata: el que tiene la forma de un pene erecto. Parecen ser un producto de la fantasía del hombre, más que un objeto diseñado para el uso efectivo de la mujer. Mientras que para algunas personas puede resultar muy excitante, por lo general no se le considera tan efectivo como cualquiera de los modelos antes descritos.

Antes de continuar, le recomendamos tener precaución. Al utilizar un vibrador no lo pase por áreas inflamadas. Tampoco debe emplearlo en la pantorrilla si en ésta existe dolor. Estas son recomendaciones prudentes que deben acatarse, ya que algunas veces estos dolores o inflamaciones desconocidos pueden deberse a un coágulo que corre el riesgo de desprenderse. Si tiene dudas en cuanto al uso de un vibrador en áreas de dolor o inflamación, consulte a su médico. No le tiene que confesar necesariamente al médico que va a darse un masaje en el clítoris o en el área circundante (al menos que presente dolor o inflamación). No es raro que en la actualidad la gente quiera adquirir un vibrador, puesto que muchas personas los emplean para relajar sus músculos después de un día de arduo trabajo.

Algunos de los aparatos que hemos descrito son útiles para la exploración de la mayoría de las áreas sensibles del cuerpo —en especial, el vibrador que tiene la forma de una batidora portátil—, mientras que otros son mejores para incrementar la sensibilidad de su cuerpo al contacto físico y el placer. Esto le permitirá acostumbrarse a recibir con gusto más placer corporal —un placer en todo el cuerpo, que puede ser erótico y no meramente genital.

Más que los mejores instrumentos mecánicos en el mercado, usted necesita conocer las técnicas para relajar su cuerpo. Como lo discutimos en el capítulo anterior, el relajamiento mental y físico reduce el estrés, el cual destruye el placer. Aquí sugerimos un tipo de masaje que usted puede realizar por sí mismo o, mejor aún, con la ayuda de su pareja, como un medio conveniente y divertido para relajarse. Hágalo como parte de su rutina, habitúese cada vez más a un estado relajado y gradualmente aprenderá a combinar el masaje con la meditación o la "respuesta de relajamiento". Esto le ayudará a preparar su cuerpo y mente para disfrutar más el acto sexual.

Muy bien, ya ha adquirido uno de estos vibradores y quiere saber cuál es la mejor manera de usarlo. Como lo mencionamos en el capítulo anterior, necesita un momento de privacía. Disponga la habitación tan cómoda y cálida como pueda. Salpíquese con un poco de aceite perfumado, aceite para masaje o cualquier cosa que pueda usar para consentirse. ¿Por qué no? Usted lo merece, es su cuerpo y debe ofrecerle más placer. Dedique de quince a veinte minutos varias veces a la semana para estas sesiones, serán mejores conforme se convierten en parte de su rutina.

Asegúrese de que no interfieran con su placer los pensamientos negativos y el estrés. No piense que estos ejercicios son sólo para gente que tiene problemas. Todos los hombres y mujeres pueden beneficiarse con ellos, aun si tienen los orgasmos más fantásticos del mundo.

Cuando estos ejercicios le ayuden a tener mayor sensibilidad y relajación le será más fácil comunicarlo a su pareja y su relación se beneficiará. Si usted presenta algún problema de disfunción sexual, como los que mencionamos al inicio de este libro, estos ejercicios le ayudarán a obtener la condición que desee, preparándole para los ejercicios sexualmente orientados que se explicarán más adelante. Lo que aquí sugerimos no es una terapia como tal, es el mejorar la apreciación del cuerpo y la posibilidad de alentar a otras personas a que lo hagan.

Posteriormente tal vez desee utilizar técnicas similares de masaje sensual para acelerar y mejorar un orgasmo, pero —por favor— no se confunda. Deseamos que aprenda a complacer y dar placer a su cuerpo sin que el orgasmo sea siempre el objetivo implícito. Más tarde, cuando dirija los conocimientos recién adquiridos hacia objetivos sexuales y orgásmicos, deberá educar a su pareja en lo que a su cuerpo, preferencias y aversiones respecta. Ignore el viejo mito de que los hombres cuentan con la habilidad instintiva de complacer a las mujeres que aman, es absurdo. Cada mujer es diferente; al iniciar una relación sexual, el hombre debe comenzar a conocer un cuerpo determinado de mujer. Sin las instrucciones de la mujer, es buscar y tocar con torpeza, probar y fracasar, hasta que *tal vez* el hombre encuentre casualmente las preferencias y aversiones de su pareja.

Lo mismo se aplica para todas las mujeres. El conocimiento de lo que a su pareja le agrada y de las áreas sensibles de su cuerpo, depende en gran medida del conocimiento que el hombre tenga de su propio cuerpo. En una relación, ambas partes deben asumir la responsabilidad de su propio placer y capacidad de respuesta. Así es que ¡iniciemos el proceso educativo!

Agua, el gran afrodisíaco

Existen otros artículos cuya experimentación deseamos que considere. Estos artículos también le ayudarán a mejorar su apreciación sensual, brindándole otras formas de relajar y estimular su cuerpo. El primero de éstos lo puede adquirir a un bajo costo e instrumentarlo en su baño, incluso si vive en un departamento.

Regaderas de presión para masaje

La regadera de presión para masaje es un aditamento para las regaderas que se encuentran en cualquier baño. Simplemente se desatornilla la regadera anterior y se atornilla la regadera de presión. Así de fácil; aunque estas regaderas son bastante diferentes de las regaderas ordinarias. Primero, la cabeza por lo regular tiene un pulsador regulable. Esto permite que el agua fluya sobre su cuerpo intermitentemente más que en un chorro continuo. Esta acción, similar a la de cierto tipo de vibradores, puede tener un efecto relajante y sensual sobre el cuerpo.

Otra ventaja de la regadera de presión para masaje es que su cabeza está sujeta a una empuñadura portátil. Usted puede desprender fácilmente la cabeza de la regadera y dirigir el agua a cualquier parte del cuerpo. Las pulsaciones tibias pueden dirigirse cerca o directamente a sus partes más íntimas, si así lo desea; trate de regular el rocío a una fina llovizna sensual y diríjala hacia los genitales y otras partes de su cuerpo. Es seguro que conocerá nuevas sensaciones a las que su cuerpo es capaz de responder. (Algunas personas emplean este tipo de regaderas para alcanzar un orgasmo mediante la autoestimulación, está bien, pero por el momento sólo utilícela para relajar y estimular todo su cuerpo, así como para aprender más acerca de su sensualidad, Espere hasta el capítulo 8 antes de usar estos artefactos para alcanzar un orgasmo —sea paciente, ¡vaya por pasos!

Bañeras calientes

Uno de los medios más antiguos de relajamiento, cuyo uso se remonta a la época de los griegos y romanos, era sentarse en una bañera caliente. Estas no eran tinas pequeñas como las que normalmente existen en las casas y departamentos, sino bañeras grandes que usaban varias personas al mismo tiempo. Muchas personas que durante su servicio militar estuvieron asignadas en Japón después de la Segunda Guerra Mundial recuerdan la popularidad de estas bañeras, a las que asistían a menudo familias enteras. No se bañaban para asearse, puesto que normalmente ya lo habían hecho antes de acudir al balneario, sino sólo para remojarse en agua muy caliente, a veces durante horas.

Tal parece que algunas personas brillantes en los Estados Unidos pensaron que sería una gran idea para los norteamericanos y así comenzó el auge de las bañeras en la década de los sesenta. Primero surgieron en la costa oeste —donde el clima es bastante cálido—, pero ahora son muy comunes en todas partes, en interiores y exteriores. Con frecuencia emplean el mismo sistema de calefacción que se usa en las albercas. Una tina normal puede medir de 1.80 a 3 metros de diámetro, con espacios dispuestos en su interior de manera que uno se puede sentar con el nivel del agua no más arriba de los hombros. Algunas personas la utilizan durante todo el año; les gusta el efecto de sentarse en el agua caliente al aire libre durante el invierno. No sólo es relajante, también consiente a su cuerpo e incrementa su conciencia de la sensibilidad en este medio acuoso.

Como una gran ayuda para vencer algunas de sus inhibiciones sociales, invite a sus amistades a su bañera. Pueden disfrutar juntos esta sensual experiencia —incluso desnudos, si así lo desean, como se hace en otros países— sin tener necesariamente insinuaciones de carácter sexual. Por supuesto está bien si quiere agregar esta rutina a su repertorio de actividades presexuales con su pareja (pero no lo haga hasta haber concluido los ejercicios de este libro). ¡Piense en lo que tendrá que buscar después de un tenso día de trabajo! Ya que una bañera al aire libre puede ser el sitio perfecto para una fusión romántica, asegúrese de tener la privacía necesaria respecto a sus vecinos. Aún sin algo romántico en mente, la bañera con agua caliente se convertirá en su destino después de un arduo día de trabajo. Estas bañeras son especialmente efectivas cuando ya ha oscurecido, con luz tenue, música suave y tal vez algunos chocolates, como unas trufas. Un poco de vino también pueden ir bien con la ocasión, pero no abuse de él, porque no es bueno que ingiera mucho alcohol mientras está en una bañera caliente. Pero sobre todo: ¡relájese y disfrute!

Tinas de hidromasaje

Existe una gran variedad de tinas de hidromasaje. Es posible adquirir cierto aparato que se instala a su tina común y corriente para producir chorros de aire a través del agua. O en su caso, adquiera una tina más grande que ya cuente con estos aditamentos. Las tinas de hidromasaje más grandes usualmente se les denomina "spas" (manantiales) y tienen una capacidad de tres a seis personas. Estas tinas por lo regular se instalan en interiores, sustituyendo a las tinas comunes. Además de los beneficios que hemos mencionado en este capítulo acerca de las bañeras de agua caliente y las tinas de hidromasaje, estas últimas cuentan con otras ventajas. Le permiten recibir varios chorros de aire en diversas partes del cuerpo, obteniendo así un intenso masaje. Esto puede ser muy erótico dependiendo de la parte del cuerpo que se estimule. Estas tinas de hidromasaje domésticas se han desarrollado a partir de las tinas que atletas y pacientes con problemas musculares han empleado durante años en clínicas y hospitales para la rehabilitación de músculos dañados o tensos. Tienen muchos efectos benéficos sobre el cuerpo y ciertamente son muy agradables. ¿Por qué no incrementar la sensualidad y terapia de una tina de hidromasaje compartiendo la experiencia con la persona amada?

❤ *CAPÍTULO* ❤
6

Despertar excitación erótica mediante artificios

Hasta ahora le hemos proporcionado los elementos para que sea capaz de realizar un diagnóstico fundamentado acerca de si su pareja o usted sufren de alguna disfunción sexual. De manera que, como lo sugerimos, antes de trabajar en forma directa con cualquier problema sexual o de consultar al terapeuta, debe aprender a controlar el estrés y la ansiedad que pueden estar causando la disfunción sexual. En el capítulo anterior hablamos sobre la forma en que todo su cuerpo puede ser entrenado para hacerlo más sensible y para que aprecie más la estimulación sexual.

Si ha seguido nuestras instrucciones al pie de la letra, estará ahora preparado para centrar su interés sexual en algo más específico. Estará listo para hacer trabajar a la fuente de excitación sexual más importante: el cerebro humano. ¡Así es! Creemos que el afrodisiaco más fuerte —y tal vez el único— está ahí, justo entre sus dos oídos. Sabemos que el amor, la lascivia, la anticipación y la ternura, son unos excitadores maravillosos. Desde cualquier punto de vista, ellos invalidan todas y cada una de las sugerencias que hagamos en este libro. Pero ¿qué hacer cuando no parecen ser tan efectivos para excitarlo como lo fueron alguna vez? Creemos, al igual que la mayoría de la gente, que en la mejor de todas las situaciones posibles —cuando se ama a alguien— sentirá esa profunda pasión surgiendo en su interior y pensará en lo que hará con su cónyuge o pareja: empezará con ternura, cariño y amor y llegará hasta una pasión sexual desbordante. Cuando así sucede, es algo maravilloso. ¡No hay nada mejor!

Pero a pesar de que el cerebro no es un mecanismo operado por baterías, de vez en cuando puede necesitar que se le recargue. Para muchas personas, sobre todo después de varios años de tener relaciones sexuales con la misma pareja, la antigua excitación no se presenta en el mismo grado y requieren de cierta ayuda. Éste es el objetivo de nuestro libro y, en particular, de este capítulo. Queremos enseñarle a utilizar la mente para estimular sus impulsos sexuales *antes* de que exista algún contacto físico. En otras palabras, debe aprender a ser más receptivo para convertirse en una persona más erótica utilizando sólo su mente. ¿Qué queremos decir con esto?

Hay un viejo chiste que escuchamos y repetimos con frecuencia: durante el periodo de los zares en Rusia, una joven le dice a su madre que le asusta pensar en su noche de bodas, a unos cuantos días de que ésta llegue. No sabe qué deberá hacer ni qué tendrá que decirle a su marido una vez que ya estén casados. No sabe ni siquiera qué sensaciones deberá experimentar al tener relaciones sexuales. Su madre trata de darle seguridad y le dice: "no te preocupes, hija mía. Todo va a salir bien. Cuando tu esposo se te acerque y llegue el momento de irse a la cama juntos, simplemente acuéstate boca arriba y piensa en la Madre Rusia y la zarina".

Puede ser que para muchos de ustedes este chiste no tenga ninguna gracia, pero piensen en su significado. Si la relación sexual es algo desagradable, debemos utilizar nuestra mente para olvidar la experiencia, concentrándonos en algo que no tenga ninguna relación con lo que está sucediendo. Asimismo, esto nos sugiere que lo opuesto también es cierto. Puede utilizar la mente para involucrarse *más* en una experiencia sexual si así lo desea. ¡Usted decide qué camino tomar!

A través de la práctica continua, debe aprender a utilizar su cerebro para revertir cualquier pensamiento negativo sobre el sexo con el que haya crecido. Ésta es una habilidad como cualquier otra y puede aprenderse. Utilizando algunas de las técnicas que describimos en este capítulo, puede hacer que su mente trabaje para usted. Estos ejercicios le ayudarán a controlar sus habilidades y sensibilidades sexuales y sensuales. Debe tener presente todas las técnicas y procedimientos descritos en los capítulos anteriores, pero recuerde que su cerebro es la parte más importante de la excitación sexual.

Su mente puede llegar a ser como una computadora, en la cual tiene almacenada una serie de pensamientos, fantasías, imágenes, escenarios y demás, que usted puede reproducir en la pantalla del consciente cuando así lo desee. Por ejemplo, supongamos que hace algunos días vio una película en la que había una escena especialmente erótica y excitante para usted. Debe registrar y almacenar esa escena en su cerebro y reproducirla con frecuencia durante las semanas subsecuentes. Puede usarla para excitarse o para ayudar a que emerja el deseo sexual aun cuando no sienta mucho interés por él.

Si reproduce esta escena en su cerebro cuando se encuentre descansando o durante un tiempo libre en su trabajo, será menos probable que la olvide. Entonces contará con un recuerdo al que podrá recurrir cuando desee tener relaciones sexuales pero que no sienta un impulso tan fuerte como quisiera. Al reproducir este recuerdo en su mente deberá "disparar" una respuesta de excitación, que es probable que de otra forma no aparezca de manera espontánea. Esta técnica le ayuda a ser más "sensual" cuando desee sentirse así. Guardando en su mente ese tipo de escenas, es muy probable que se convierta en una persona más "sexy" para usted mismo y *esta* misma actitud la podrá reproducir cuando se encuentre con alguien más. En otras palabras, usted será tan sexy como se sienta.

De hecho no debe esperar a que alguien más lo "excite".Debe hacerlo usted mismo —de manera regular y frecuente— y descubrirá cómo cada vez será más fácil excitarse en forma espontánea.

El almacenar imágenes eróticas en su mente es uno de los "trucos" que puede utilizar para la excitación y que no dependen del contacto físico con alguien más ni de la autoincitación erótica. Más adelante (una vez más en ese famoso capítulo 8) podrá utilizar estos motivadores mentales como un preludio para la estimulación sexual física. Por ahora desarrollemos las habilidades mentales en una amplia variedad de formas para utilizarlas en un futuro. Después de un tiempo, cuando tenga experiencia en esta estimulación mental, es probable que desee combinar otras imágenes eróticas con la estimulación física que mencionamos en el capítulo anterior. Este será un paso muy importante para usted: aprender a realizar una conexión automática y simultánea contra la excitación física y mental.

Examinemos algunos de los medios comunes para lograr la excitación erótica sin necesidad del contacto físico. Estos comprenden los recursos visuales —fotografías y películas—, así como la lectura de poesías y novelas eróticas. Esto no necesariamente quiere decir que aconsejemos el uso de estos recursos, ya que sabemos que muchas personas tienen sentimientos negativos contra lo que llaman pornografía. Nosotros estamos totalmente en contra de la pornografía sexista, explotadora y violenta, pero existe material erótico más romántico y menos ofensivo que puede ayudar a mucha gente. Existe una gran variedad de material de este tipo —cine, fotografía, obras de arte y novelas—, que es sensible y hermoso y no contiene esos aspectos negativos de la pornografía "barata". La mayoría de los encargados de librerías conocen la diferencia que existe entre las obras eróticas clásicas y la pornografía vulgar, así es que ellos le pueden recomendar literatura y libros clásicos. Asimismo, las principales tiendas de video cuentan con películas eróticas "dirigidas a la pareja", en contraposición con las películas clasificación X dirigidas a los hombres. Incluso algunas de estas películas para adultos que se recomiendan a las parejas están presentadas desde el punto de vista feminista, tomando en cuenta el amor y el romance, en vez de basarse en las repetitivas escenas de sexo dirigidas a los hombres.

Arte y literatura

En la actualidad, sabemos que no sólo los hombres se excitan con el material sobre sexo, sino que también las mujeres lo hacen. Esto va más allá de las películas e incluye fotografías y libros. La novela clásica *Lady Chatterly's Lover* (El Amante de Lady Chatterly) es una de las más conocidas y a mucha gente le ha dado buen resultado para excitarse. ¿Por qué? Porque no sólo es gráfica en cuanto a las descripciones del acto sexual, sino que además es una historia romántica fascinante. Le permite ejercitar la fantasía e identificarse ya sea con el protagonista masculino o femenino. Hoy en día existen muchas otras novelas explícitas sobre sexo que están disponibles en todos los supermercados y tiendas de descuento. La mujer que va en el autobús hacia su trabajo leyendo una de estas novelas románticas probablemente esté cargando sus baterías eróticas mentales y, en forma consciente o inconsciente, ayude a mejorar las relaciones sexuales de su matrimonio. Desde luego, estos libros de bolsillo no están a la altura de *Lady Chatterly's Lover* (El Amante de Lady Chatterly), pero si lo excitan ¡búsquelos!

No estamos asegurando que por lo general las mujeres necesiten de estas historias románticas para acompañar a su excitación erótica. La popularidad de este género entre las mujeres tal vez sea todavía un remanente de las actitudes puritanas y victorianas del pasado, que negaban la legitimidad de los deseo sexuales femeninos. Pero si las causas de la represión sexual femenina tienen sus raíces en el pasado, es interesante hacer notar el gran número de novelas de este tipo que nos regresan a este periodo de tiempo o nos transportan a lugares lejanos. Lo exótico nos permite ejercitar las fantasías aún más, ya que nos identificamos con algo que está muy aparte de nuestra vida diaria. Entre más alejados estén estos escenarios románticos de la realidad, es menos probable que desaten un pensamiento estresante asociado con nuestras vivencias que pueda inhibir la respuesta erótica.

Recuerde que el estrés es para el sexo lo que el agua es para el fuego. Cuando lea esta literatura erótica, deje que su mente se identifique libremente con el personaje que está viviendo la experiencia erótica. Después coloque a su pareja en el papel opuesto al suyo y de manera consciente comience a excitarse. Entre más veces practique esta escena, más va a asociar a su pareja con la experiencia erótica y excitante. De esta manera les estará enseñando a su mente y a su cuerpo a ser más eróticos, y es increíble la rapidez con la que ambos aprenden cosas placenteras.

Incluso las imitaciones más pobres de la gran cinematografía y literatura, que para muchas personas no tienen "ningún valor social", pueden resultar de cierto valor educativo para mucha gente porque desarrollan sus intereses sexuales. Uno no nace con un ser sexual desarrollado por completo —con gustos, desagrados, habilidades y fantasías—, una persona nace sólo con un aparato sexual desarrollado en forma parcial y cierto *potencial* sexual. La capacidad sexual del ser humano debe nutrirse y entrenarse, aprovecharse y ejercitarse, antes de que podamos empezar a maximizar los placeres de nuestras experiencias sexuales relacionadas con el amor. En este sentido, necesitamos una capacitación progresiva como adultos para interesarnos más en el sexo y tener más habilidades sexuales. Algunas veces, una novela clasificación B o una mala película para adultos nos permiten avanzar hacia cosas más agradables y alimentar sexualmente la mente.

Hace poco tiempo, leyendo un excelente libro de Edward Brecher, *Love, Sex and Aging* (Amor, Sexo y Edad), nos impresionó una situación muy triste que describe el autor: algunas personas mayores han extinguido sus deseos sexuales hacia sus cónyuges. No existe ninguna razón física para hacerlo, pero *creían* que el deseo sexual disminuía al crecer los hijos. Pensaron: "no lo necesito. Puedo vivir sin él".

En efecto, su propia mente eliminó esa parte esencial de su matrimonio: el placer de su erotismo. Algunas de estas personas, quienes no habían tenido relaciones sexuales durante periodos de cinco a veinte años después de la muerte de su cónyuge, de pronto —al conocer a alguien más— descubrieron que se encontraban vivas y en buena forma para tener actividad sexual. ¡El erotismo no se acaba con la juventud!

Sus intereses y deseos sexuales no habían desaparecido durante el tiempo en que vivieron sus cónyuges; simplemente permanecieron enterrados bajo la equivocación de que él o ella ya no sentía ningún impulso sexual. No estamos sugiriendo que las personas casadas que sientan que han perdido el impulso sexual salgan a la calle en busca de alguien que encienda otra vez la chispa. Esas personas, y entre ellas podría estar *usted*, deben montar el escenario y preparar el guión mental para hacer que su vida sexual sea más vibrante, para tomar un control activo en el desarrollo de un nuevo interés sexual dentro de la relación. Mientras que para algunas personas este problema puede calificarse como "disfunción en el deseo sexual", para otras puede no ser tan serio como aparenta. Antes de que decida acudir a un terapeuta, trate de ayudarse a sí mismo por medio de la relajación, la reducción del estrés, los "mecanismos" que producen placer y con *su propia mente* —además nosotros le haremos algunas otras sugerencias—No se queje. No hay nada equivocado ni de qué avergonzarse por acudir al terapeuta sexual, pero no debe ser su primera acción.

Si nuestras sugerencias no le funcionan, entonces es probable que necesite de la experiencia de un terapeuta, para saber qué es lo que no le permite alcanzar sus metas sexuales. Recuerde, no hay nada mágico en lo que el terapeuta hace. Él no cuenta con máquinas de alta tecnología a las que lo pueda conectar, ni medicamentos milagrosos que recetarle como afrodisíacos. La mayor parte de la ayuda que puede brindarle es a través del sentido común, que es la misma clase de consejos que aquí le damos.

Películas para adultos

Como ya señalamos en este mismo capítulo, reconocemos que muchas de las películas y vídeos "para adultos" son poco menos que basura. Pero durante los últimos cinco años ha existido una mayor tendencia por parte de los productores de este tipo de películas hacia las historias de amor románticas que a la vez son explícitas en cuanto al sexo. Parece ser que estos productores han observado que si desean atraer más público femenino o filmar películas que les permitan a las parejas sentirse cómodas al verlas, tienen que hacer dos cosas: 1. Ser más sensibles hacia el punto de vista de la mujer y no sólo ser complacientes con las fantasías masculinas; 2. Deben realizar producciones más artísticas clasificación X, con una trama interesante, buena cinematografía y excelentes actuaciones. Algunos directores y productores de estas películas han tenido éxito, pero desafortunadamente con frecuencia estas obras se pierden entre toda la basura. La mejor forma de encontrarlas es solicitándolas a los propietarios de los video clubes. Muchos de ellos saben cuáles son de buena calidad y no resultan ofensivas para las mujeres o las parejas. Aunque la mayoría de estas películas "para adultos" tienen una orientación heterosexual, algunas de ellas también muestran a dos mujeres o dos hombres haciendo el amor. Si juzgamos por el número de películas en las que se muestra a dos mujeres realizando el acto sexual, y que tienen una orientación heterosexual principalmente parece ser que a los hombres les excita ver a dos mujeres haciendo el amor. Por otra parte, en las tiendas de video hay muy pocas películas heterosexuales que muestren a dos hombres realizando el acto sexual. Muy rara vez las mujeres aseguran sentirse excitadas al observar escenas de hombres en actos homosexuales.

Otra observación interesante hecha por los investigadores sobre el sexo, es que tanto hombres como mujeres que no tienen ninguna inclinación hacia el contacto sexual con personas de su propio sexo, pueden excitarse al observar en la pantalla a dos personas de su mismo sexo realizar un acto homosexual. Mientras esta escena se limite a la pantalla, será algo seguro y "divertido" que no tendrán que probar ellos mismos. Probablemente esta actitud también se pueda aplicar a una gran variedad de actos tabú que con frecuencia aparecen en estos vídeos para adultos. Desde nuestro punto de vista, siempre y cuando estos actos exóticos, diferentes y "prohibidos" permanezcan sólo como imágenes visuales (y existe una amplia gama de actos heterosexuales que son tabú), se pueden utilizar para aumentar la excitación sexual de una persona.

Parece razonable que los adultos disfruten de estas películas en la privacía de su hogar. Ahora, si hay algunas escenas o películas de mal gusto, no las vea. Si una escena en particular no le parece excitante, adelante la cinta o intente ver otro video.

Recuerde, si encuentra una escena que sea en especial erótica, regrese la cinta y disfrute la escena una y otra vez hasta que se la grabe en la mente. Al hacerlo, sobre todo si está solo, estará educando a su mente a tener una orientación más sexual, que deberá ayudar a su excitación física. Después, ya con su pareja, es probable que evoque una escena en particular para estimularse antes del acto sexual.

Pero por el momento sólo disfrute estas películas y escenas en la soledad, para lograr que su mente sea más receptiva a lo erótico a través de imágenes indirectas.

Cuando desee observar estas películas en la intimidad, debe generar, antes de encender la videocasettera, un estado de ánimo receptivo y romántico. Empiece estas sesiones como si fueran de meditación: reduzca la intensidad de la luz, desconecte el teléfono y siéntese o acuéstese en un lugar cómodo. Asegúrese de que no tendrá que interrumpir la función porque tiene que apagar la lavadora o porque le preocupe el hecho de que debe ir de compras. Trate de crear en su interior un estado de ánimo romántico, a pesar de que debe estar solo durante estas sesiones.

Puede encender una varita de incienso, tomar un poco de vino, encender algunas velas o cualquier cosa que lo haga sentirse romántico. Como la idea es que se identifique con uno de los personajes que aparecen en la película erótica, cree la atmósfera necesaria para que se involucre en la película lo más posible. Desee estar receptivo, y poder integrarse a los sentimientos y acciones del actor o actriz durante las escenas eróticas mostradas en la pantalla. Si se quiere lograr el efecto necesario, su punto de vista no puede ser totalmente pasivo ni meramente intelectual. No podrá ver la película como si observara una puesta de sol, porque este tipo de actividad está orientada a tranquilizarlo y convertirlo en una persona apreciativa y no a excitarlo sexualmente. Pero ahora desea participar activamente aun cuando sólo sea con la mente. No puede estar comiendo palomitas de maíz sentado sobre una butaca y preguntándose por qué esa escena de sexo tan maravillosa no puede hacer nada por usted. Tiene que observar las escenas en una forma *activa*, comprometiendo su mente y relacionando las sensaciones del cuerpo con lo que sucede en la película. Cuando una escena sea en especial excitante, *imagine* que su cónyuge o pareja es la otra persona que toma parte en el acto sexual. Cuando vea una escena así y se sienta en realidad excitado, *apague* la video y viva una vez más la escena *con la mente*. Imagínese a su pareja y a usted en ese papel y actúelo en su fantasía una y otra vez. Muy pronto incluirá esa energía en la vida real.

Imágenes y fantasía

¿Qué fue primero: el huevo o la gallina? A quién le importa ¡siempre y cuando sepa cocinarlo! ¿Qué tiene que ver esta vieja adivinanza con el interés sexual y la excitación erótica? Bueno, ¿su interés en el sexo hace que se excite con mayor facilidad, o se interesa en el sexo porque se excita espontánea y frecuentemente? En realidad, funciona de las dos formas. Si usted aprende a poner más interés en el sexo, se podrá excitar con mayor facilidad; si se excita con más frecuencia, tendrá un mayor interés en el sexo.

Si hace memoria, es probable que recuerde algo en su pasado que lo excite sexualmente. Algo que haya visto quizá por accidente, o alguna situación que haya vivido. Póngase sus zapatos viejos. Ahora, piense en el mismo incidente con los ojos cerrados y revívalo paso a paso. Una vez más le recomendamos que este ejercicio lo realice cuando se encuentre solo y tranquilo, sin que nada le moleste. Experimente una vez más los estremecimientos y la emoción que sintió en aquella ocasión. Evóquelo varias veces y practique alguna variación de vez en cuando. Permita que la acción vaya un poco más lejos de lo que en realidad sucedió. Actúe en forma más deshinibida de lo que en ese entonces lo hizo. Haga las cosas y que le hagan aquello que nunca soñaría hacer en realidad.

Ahora, imagínese observando a otras personas conocidas durante actos eróticos, o piense que alguien lo observa realizando actos sexuales deshinibidos. (Tal vez aquella persona con la que se tropezó, pero que no pudo conocer, pueda ayudarlo en su mente).Experimente con distintas clases de imágenes y empiece a utilizarlas como escenarios en la mente. Usted es el productor, el director y el jefe de reparto. Llene el escenario con quienes usted elija y permita que ellos y usted, la estrella, realicen cualquier acción excitante que haya pensado en secreto pero que no se atrevía a llevar a cabo en la vida real. Ahora está fantaseando, utilizando su mente para interesar y excitar a su cuerpo en una dirección erótica. Tenga siempre presente que éstas son experiencias de aprendizaje para que explore su propio cerebro en forma segura. Ábrase a la más amplia variedad de imágenes que le puedan excitar, de modo que pueda utilizarlas para agudizar sus intereses y deseos sexuales y hacer que las respuestas eróticas surjan con mayor facilidad cuando esté con alguien.

Este ejercicio lo inició evocando una experiencia del pasado sexualmente excitante, tal vez la primera y más profunda impresión que tuvo. Ahora queremos que evoque escenarios nuevos en los que *empiece*, *mantenga* y *aumente* su excitación sexual. ¡Esto es algo maravilloso! Ahora tendrá el control de su propia excitación (y sin ni siquiera tocarse en forma autoerótica). Pronto formará un repertorio de fantasías que podrá utilizar siempre que lo necesite. Éstas permanecerán en su memoria a su alcance y no será necesario que nadie se entere de su existencia. Son sus juguetes mentales los únicos afrodisíacos verdaderos que conocemos. En estas fantasías, puede repetir un argumento favorable sustituyendo a cualquier persona que desee. De tal manera puede cambiar los detalles de la misma experiencia erótica mental.

En el mundo de la fantasía es posible incluir a personas que están totalmente fuera de su alcance o que le están prohibidas. Algunas personas aseguran que la fantasía parece funcionar mejor en cuanto a la excitación erótica se refiere, cuando el objeto de ésta es alguien a quien se conoce pero que es imposible poseerlo. Existe mucha gente que tiene fantasías sobre las estrellas de cine o sobre alguien que ni siquiera han visto en persona. Puede tener fantasías sobre su estrella o cantante de rock favorito, pero creemos que será mejor si las tiene sobre una persona real. Si se presta demasiada atención romántica o erótica hacia una estrella de cine idealizada puede llegar a sentirse aburrido, porque no existe ningún contacto entre ustedes. Será mejor que elija a alguien que haya visto en persona al menos una vez.

La persona de sus fantasías debe vivir en alguna parte del reino de lo posible, aunque sea de manera remota. Desde luego que, si así lo desea, puede tener fantasías sobre dos o tres amantes a la vez, ¡hasta un equipo de fútbol o un grupo de porristas! Tenemos más energía mental que física. No existen límites, siempre y cuando esté consciente de que las fantasías *deben* permanecer en su mente. Existen algunas personas que tratan de actuar sus fantasías en la vida real. Algunas veces funciona, pero la incapacidad para controlar estas situaciones puede representar serios peligros.

¿Debe contarle a su pareja la fantasía que tiene en mente? Probablemente no. Para algunas personas, puede ser positivo el compartir un fantasía con su cónyuge o pareja y es probable que los excite a ambos. Sólo usted podrá determinar si su pareja va a disfrutar o si dicho juego mental resultará una ofensa para ella. De tal manera utilice siempre el sentido común y peque de precavido cuando se trate de contar a otros sus fantasías.

Tiempo dedicado al sexo

Ahora ya tiene todas estas habilidades "mentales" para la excitación y una "videoteca" de escenas eróticas en su cabeza. Incluso ya es capaz de evocar esas imágenes y relacionarlas con sensaciones corporales. Ahora tiene que practicar más rutinariamente estas maravillosas habilidades recién adquiridas. ¿Para qué es necesario practicar esas fantasías e imágenes mentales? Creemos que para la mayoría de las personas, las práctica es muy importante, porque —como lo señalan frecuentemente los sicólogos sociales— el comportamiento puede alterar la actitud tanto como ésta afecta al comportamiento. Cuando el problema es falta de interés y deseo sexual, podemos verlos como actitudes y tratar de cambiarlos como lo haríamos con cualquier otra actitud. Es decir, si empieza a actuar como si el sexo fuera una de las cosas más naturales, menos amenazantes y de mayor importancia en su vida, creemos que sus actitudes y sentimientos cambiarán de acuerdo con esto.

Lo que aquí sugerimos es el establecimiento de un horario *dedicado al sexo*. ¿Qué significa esto? En esencia, es lo mismo que el tiempo que dedica a descansar o tomar un café en el trabajo o en su casa. Para nosotros, si el sexo no es al menos tan importante como una taza de café, algo anda mal respecto a nuestros valores culturales. Además, la cafeína es una droga estimulante poco saludable que puede causarle acidez estomacal o un mal peor; y el pastel o las donas, con los que probablemente los acompañe, sólo le harán subir varios kilos de más. Así es que ¡olvidemos el descanso para tomar café y dediquémosle tiempo al sexo!

¿Dónde puede pasar el tiempo que ha reservado al sexo? ¿En la cafetería o en la pastelería? Desde luego, en su cerebro. Si se encuentra en la oficina, en casa, en un tren o avión, de vacaciones o donde sea, tómese un tiempo de cinco, diez y hasta quince minutos y si es posible cierre los ojos. En cierta forma este ejercicio es similar a las técnicas para reducir el estrés de las que hablamos en el capítulo 4. Pero en vez de liberar a la mente de los pensamientos que nos distraen y que nos estresan en gran medida, nos concentramos y evocamos una imagen o un video fantasioso de nuestro repertorio mental. Durante la visualización, separamos la vida real de este mundo secreto de placer que existe en lo más profundo de nuestra mente. Estos breves periodos nos relajan y sirven para reforzar en nosotros la importancia del sexo. Entre más lo reforcemos, será más importante para nosotros. La experiencia nos ha mostrado que si damos más importancia la sexo, aunque sólo sea a un nivel intelectual, nuestro interés y deseo crecen a nivel físico y emocional. Esto es sólo sentido común.

Así, gracias a esos"periodos dedicados al sexo" pronto aprenderá a integrar las fantasías e imágenes con la realidad del mundo que lo rodea. Algunas veces incorporará las imágenes de un compañero de trabajo cuando se encuentre en la oficina, de un vecino o alguien cuando se halle en casa, de su cónyuge o amante mientras él o ella estén en la regadera, etcétera. Estos momentos dedicados al sexo serán positivos siempre y cuando esté consciente de que debe mantenerlos en su psiquis y que son para ayudarle a aumentar su interés y deseo sexual. No los deberá considerar como un preludio para una acción poco inteligente de la vida real, como un coqueteo serio con el objeto de sus fantasías.

Programación erótica del sueño

Uno de los mejores momentos para utilizar las imágenes y la fantasía es cuando intenta dormir. Esta es la "etapa de ensueño"; es decir entre estar despierto y consciente y dormir. Justo en este momento tómese unos minutos para sus fantasías. ¿Para qué utilizar el viejo método de contar ovejas? La fantasía antes de dormir es más divertida y creemos que funciona mejor. En realidad, es una idea muy sencilla y se denomina PES (programación erótica del sueño).

La primera vez que escuchamos que alguien conversaba sobre el PES no nos imaginamos de qué trataba la charla. Más tarde nos enteramos de que se trataba del sexo y de los sueños.¿Qué tienen que ver los sueños aquí? Si la fantasía se realiza en forma correcta, tendrá sueños relacionados con ella cada vez con más frecuencia. ¿Cómo programar sus propios sueños? Después de ir a la cama, cuando está a solas y todavía no se duerme (si se encuentra con su cónyuge o pareja, espere a que se duerma), construya en su mente una breve historia erótica, basándose en algún incidente real o en uno que le gustaría que sucediera. Si la historia es breve, mucho mejor. Repítala varias veces en la mente hasta que se duerma.

Con este ejercicio la gente ha notado cuatro resultados benéficos:

- ✔ *En primer lugar, le ayuda a tener fantasías con más facilidad cuando así lo desea —sobre todo cuando está con alguien durante el acto sexual.*
- ✔ *En segundo lugar, le auxilia a estructurar el repertorio de fantasías que almacenará en su mente para utilizarlas cuando las necesite.*
- ✔ *En tercer lugar, estas fantasías le ayudan a conciliar el sueño. Es una mejor práctica que contar ovejas, tomar una bebida alcohólica o un tranquilizante.*
- ✔ *En cuarto lugar, si se duerme durante la fantasía, es probable que sus sueños sean una extensión de ésta.*

Ir a la cama con su fantasía en mente puede ayudarle a relajarse porque el proceso de la programación erótica del sueño es similar a otras técnicas de reducción del estrés. Una fantasía repetida funciona como meditación, ya que el repetir esta escena erótica varias veces en la mente, elimina todos esos pensamientos que provocan ansiedad.

Entre más familiar se torne su fantasía, esta técnica tendrá un mayor efecto de repetición durante el proceso de meditación. En vez de una palabra, utilizará una imagen o acción erótica que repetirá varias veces.

La programación erótica del sueño es tan útil en la reducción del estrés, que muchas personas la emplean cuando se despiertan a las tres o cuatro de la mañana y no pueden dormirse otra vez. En esos momentos no vale la pena preocuparse por conciliar el sueño ni por el hecho de que tendrá que levantarse en un par de horas ni por todas las cosas que tendrá que hacer durante el día. En lugar de ello haga que este tiempo sea productivo para usted reduciendo el estrés e incrementando su habilidad para las fantasías eróticas. Evoque esa escena de su fantasía más agradable y repítala una y otra vez hasta que se duerma.

Su fantasía erótica le ayudará a dormirse, a conciliar el sueño y a deshacerse de la "cascada" de pendientes estresante y sin control de la mente. Entre más practique el uso de imágenes eróticas en esta forma, será más probable que lo siga haciendo al estar dormido. Conforme aumenta su habilidad para hacerlo, estará más propenso a tener un sueño erótico que se relacione con su fantasía o incluso que sea una continuación de la misma. De tal manera, podemos afirmar que la *programación erótica del sueño* no sólo es divertida, sino que puede ser benéfica para usted, tanto física como mentalmente. Todo esto sin que le cueste ni un centavo ¡y mientras está acostado en su cama! No está mal, pero todavía hay más.

La programación erótica del sueño también le ofrece —de manera muy segura— la oportunidad de explorar y ampliar sus intereses eróticos por medio de la experimentación dentro de su mente y en la privacía de sus pensamientos. PES puede ayudarle a desarrollar nuevos intereses en las formas y condiciones bajo las cuales le agrada tener relaciones sexuales. Si tiene una fantasía sobre un encuentro erótico en una playa, en una azotea o un bote de remos, tal vez pueda hacer que la persona a la que ama aparezca en ese escenario. Aun si no pueden cumplirse los deseos, algunas veces imposibles, de su fantasía, al menos estará ayudando a capacitar a su mente para que piense en una forma más erótica. Estará conformando su interés en el sexo y reconociendo los goces y usos prácticos y sanos del erotismo. Como ve, ¡PES es incluso educativa!

Fantasía matutina

La alarma suena a las 6:45 AM. Usted alcanza el despertador para apagarlo y salta de la cama para empezar otro día de trabajo. Levantarse, sacudirse el sueño de los párpados, realizar algunos ejercicios de calistenia y entrar en acción. ¿Le parece familiar? Pero ¡espere! Usted tiene grandes responsabilidades con su profesión y con su familia, pero ¿y usted?

Si fuera una de esas pocas personas que están satisfechas con su nivel de libido y con sus actividades sexuales, suponemos que no estaría leyendo este libro. Pero ya que lo está haciendo, nos gustaría que ocupara una valiosa parte del día para ayudarse en este proceso de capacitación, el cual le ayudará a sentirse más motivado eróticamente. Este momento tan valioso es precisamente el periodo en el cual usted todavía no está despierto por completo; es decir, se encuentra en la "etapa del ensueño" matutino. Para algunas personas, este periodo es aún más importante que cuando se va a dormir por la noche, porque una fantasía por la mañana puede establecer el tono anímico para el resto del día. Aun cuando sea breve, tendrá muchas oportunidades para reforzar su fantasía.

¿Qué es exactamente lo que debe hacer en la mañana? En esencia, lo mismo que hizo la noche anterior cuando realizó la programación erótica del sueño con fantasías. Sólo que esta vez, mientras permanece en la cama soñoliento, tómese unos minutos para crear una fantasía que involucre a alguien que tal vez verá o llamará durante el día. Eso le agrega un poco de sal y pimienta a su fantasía prohibida y bastante más excitación erótica. Después de todo, ¿quién puede saber lo que pasará en el día?

En esta etapa, no debe acariciarse en forma erótica durante la fantasía. Como en todos los ejercicios que sugerimos en este capítulo, sólo está tratando de ejercitar, excitar y enseñar a su mente para que piense en una forma más sexy. Invente algunas fantasías interesantes y excitantes para mañana en la mañana y para muchas mañanas subsecuentes. Relájese y disfrútelas antes de enfrentarse al mundo real. Estas fantasías matutinas serán positivas para su vida erótica y le ayudarán a reducir el estrés que, como la mayoría de la gente, enfrenta a diario. Inténtelo, ¡no se arrepentirá!

❤ *CAPÍTULO* ❤
7

La mujer que trabaja y el cambio...

¿Por qué presentar tal tendencia sicológica en un capítulo de un libro que trata de ayudarle a mejorar su vida sexual y superar cualquier disfunción de este género? Porque hay personas que tiene problemas, incluyendo los de tipo sexual, los cuales son delineados e incluso provocados, por circunstancias de la vida sobre los que no tiene control. Nos referimos a los cambios en los roles masculino y femenino tradicionales que han tenido lugar en nuestra vida adulta. Estos cambios se han sucitado tan rápidamente, que no todos hemos sido capaces de adaptarnos a ellos. Algunos de nosotros nos mostramos perplejos ante las mujeres que adoptan un comportamiento que se acostumbraba considerar típicamente varonil, o ante los hombres que parecen adoptar más actitudes femeninas en vez de los estereotipos clásicos del "macho". Como consecuencia, tal parece que existen cada vez más personas que se quejan de tener "problemas sexuales"; pero después de hablar con ellas, es evidente que en realidad tienen problemas en lo que respecta a los roles que desarrollan dentro de la relación hombre/mujer. Tienen un problema de personalidad estereotipo, más que una disfunción sexual.

Estos problemas específicos se derivan en gran parte de lo que los hombres y mujeres aprendieron sobre el sexo y su contexto interpersonal durante los años sesenta. Es decir, las personas que fueron educadas antes de las épocas turbulentas de finales de los sesenta e inicios de los setenta cuando se desarrollaron todos estos cambios en las relaciones entre hombres y mujeres, tuvieron que adaptarse a un mundo social diferente, así como a las nuevas formas de comportamiento que ambos sexos debían adoptar después de la llamada "revolución sexual" y el movimiento feminista.

En muchas otras culturas y la norteamericana de hace veinticinco años, *se suponía* que la mujer *debía* asumir un papel más pasivo, mientras que el hombre *debía* ser el agresor, el iniciador de la actividad sexual. Además, *se suponía* que el esposo era quien debía ser el triunfador en la vida, teniendo éxito en el ámbito profesional o de los negocios; en tanto la mujer *debía* atender a sus hijos en el hogar. En esa época existían fuertes elementos de sexismo en las relaciones hombre/mujer; el papel pasivo de la mujer significaba una subordinación al hombre, en la mayor parte de los aspectos de la vida, incluyendo la sexualidad y el trabajo remunerativo. Pero en la actualidad ésa ya no es la realidad de la mayoría de las parejas. Por lo regular las mujeres deben y desean trabajar fuera de sus hogares, mientras que va desapareciendo el sexismo, que asignaba un papel pasivo a la mujer.

Las mujeres jóvenes no parecen presentar los mismos problemas que sus madres, pero las mujeres mayores de cuarenta años deben aprender a darse la oportunidad de iniciar una actividad sexual, y sus esposos deben saber que ellas pueden iniciar el acto sexual sin sentir que su masculinidad esté siendo amenazada. Sabemos que a la mayoría de los hombres les agrada que una mujer inicie el acto sexual, pero ¿qué le sucede a un hombre que fue educado con la creencia de que una mujer "normal" sólo se interesa o se excita sexualmente cuando un hombre (su esposo, por supuesto) toca sus genitales para incitarla al acto sexual? Tal vez se muestre muy confundido e inclusive suspicaz acerca de las actividades de su esposa cuando él se ausenta. Éste no es un problema de disfunción sexual, más bien se torna en un problema relacionado con la *educación sexual*. A este individuo se le debe enseñar que sus antiguas actitudes y conocimiento sobre la sexualidad de la mujer no son sólo erróneos, sino también pueden ser muy nocivos para los aspectos inherentes al sexo, así como para el factor confianza dentro de su relación marital.

Lo que ha agravado este problema es que incluso en los matrimonios muy tradicionales, se han forzado cambios en los roles establecidos entre marido y mujer. Esto se debe a que en la actualidad muchas mujeres han tenido que incorporarse a la fuerza productiva. Sin embargo, esta nueva libertad de las mujeres para trabajar en algo más que los quehaceres domésticos, puede representar un conflicto que con frecuencia pasa desapercibido para muchos matrimonios. Este ingreso de la mujer a la fuerza laboral de nuestra sociedad ha traído consigo un cambio en la personalidad de muchas mujeres. Al incorporarse al trabajo, desarrollando actividades fuera de casa, las mujeres pronto aprendieron la importancia de ser más agresivas de lo que deben ser como esposas, madres y amas de casa. Por tanto, dichos cambios afectaron la imagen propia de la esposa, que ahora se considera más capaz de ser independiente económicamente y tomar decisiones por determinación propia. Al experimentar estos cambios en sí misma, una mujer cambiará la manera de relacionarse con otras personas. En particular, esto puede provocar tensiones en la relación con su esposo, quien debe aceptar estos cambios de vida y personalidad a menudo sin entenderlos.

Para muchas mujeres esforzarse y algunas veces lograr mayor independencia económica, desempeñar un puesto importante de tiempo completo fuera de casa, conocer gente nueva y tener tantas responsabilidades laborales como su esposo, no les brinda el sentido de completa libertad e igualdad que podrían haber esperado. Marian Burros señala en su maravilloso recetario *20 Minute Menus* (Menús de 20 minutos) que para muchas mujeres la vida se ha tornado más difícil, no más fácil:

> *Como lo reveló una encuesta realizada por el New York Times en otoño de 1987, a pesar de la revolución feminista, ya sea que trabajen o no fuera de casa, las mujeres aún se encargan en su mayor parte de la cocina y las compras.*
>
> *Noventa y uno por ciento de todas las mujeres casadas se encargan de adquirir los comestibles, y noventa por ciento de todas las mujeres casadas se encargan de cocinar. Ochenta y seis por ciento de las mujeres que trabajan fuera de casa, cocinan; mientras que noventa por ciento de las mujeres que trabajan fuera de casa, se encargan de la compra de la despensa.*

Ahora, si el marido tradicional, involucrado mínimamente en las tareas del hogar, sabe que su esposa pasa todo el día trabajando y cuando regresa a casa también atiende a los hijos, hace las compras y cocina, entonces no debería sorprenderse si a ella le duele la cabeza o está fatigada al hacerle propuestas sexuales al final de un día agitado. Ella tiene todo el derecho de estar exhausta y tener otras preocupaciones. No tratamos de justificar una jornada en la que todo es trabajo, pero debemos ser sensibles a los cambios que pueden tener lugar, aun en el más feliz de los matrimonios.

En la economía contemporánea no sólo trabajan la mayoría de las mujeres, sino que también muchos hombres deben trabajar cada vez más duro y más tiempo para incrementar el ingreso familiar. Como dice la parodia de un viejo aforismo: "El trabajo es la maldición de los bebedores". Estamos seguros de que el trabajo arduo en ocasiones puede interferir con algo mucho más importante que beber: *una vida sexual deseable.* Algunas personas sólo se ven en breves periodos de tiempo abrumadas por el trabajo y es notorio que cada vez responden menos a los impulsos sexuales. Con frecuencia, inclusive los mismos deseos comienzan a desaparecer.

Estos reducidos impulsos sexuales no implican problemas de disfunción sexual, son problemas de relaciones humanas, los cuales van más allá de la recámara. Sin el tiempo y energía suficientes, el sexo puede reducirse a un acto obligatorio y, por lo regular, eso no es muy placentero. ¿Qué puede hacer una pareja que trabaja mucho? En algunos casos es posible realizar un sacrificio financiero reduciendo el trabajo o el tiempo que dedican a actividades como el boliche los naipes y otras, por el bienestar de su matrimonio y de su vida sexual. Si no es posible dejar de trabajar, tal vez pueden disponer de una parte de sus ingresos para contratar a alguien que le ayude con el aseo de la casa, las compras, la cocina y la atención de los niños. Si tiene una casa o departamento espacioso, quizá pueda encontrar a un estudiante que estará feliz de ayudarlo a cambio de una habitación y comida gratis. Alojar a estudiantes necesitados ha sido durante siglos una tradición en Europa, pero por algún motivo nunca fue adoptada en los Estados Unidos. Qué mal, porque en una situación como ésta todos salen beneficiados: usted hace una buena acción, obtiene ayuda y a menudo tiene un nuevo amigo a cambio. Aun si se deben contratar más profesionales a un costo elevado y disfrutar unas vacaciones anuales más modestas, ¿no valdría la pena gozar todas las noches la compañía de su pareja con más energía y por más tiempo?

Otra cuestión que es necesario analizar, es qué tan limpia y ordenada *debe* mantenerse la casa. Si ambas partes comparten equitativamente las responsabilidades, entonces tendrán más tiempo para las cosas importantes de la vida: sus hijos, su vida sexual, sus pasatiempos y demás. Nos parece que las mujeres son las víctimas de las presiones económicas de la actualidad mucho más que los hombres, ya que el rol femenino tradicional, que ubica a la mujer ocupada de las tareas domésticas y al cuidado de los niños, se desarrolló en una época en que las mujeres estaban en su casa para hacer el trabajo. Pero hoy en día, ocuparse del hogar y trabajar fuera de casa, está fuera de la realidad si no se cuenta con la ayuda de la pareja. Deje de culpar a otras personas por sentirse cansado y no tener interés en el sexo. Ambos trabajan mucho. ¡No se quejen, hagan algo al respecto!

Sabemos que quizá lo han escuchado infinidad de veces, pero en este contexto es necesario repetirlo: *atienda sus prioridades*. ¿Qué es más importante para usted: el dinero, las amistades, dedicarle tiempo a sus hijos, tiempo para usted, el sexo, la recreación intelectual, el trabajo creativo, o qué? Nadie puede poseerlo todo. Debe analizarse a sí mismo con sinceridad y si lo que en realidad desea se opone a lo que se *supone* debe desear, entonces es necesario que organice su vida. Tal vez encuentre que está sacrificando felicidad —en especial la suya— por un objetivo menos que crucial.

Sabemos que para algunas personas esta búsqueda espiritual ha provocado que se inscriban en la universidad para cursar una carrera de medio tiempo que les permita ser más ellos mismos sin sacrificar el bienestar de sus seres amados. Recuerde, probablemente tiene una vida muy larga por delante. Hemos escuchado algunas predicciones en el sentido de que, para principios del siglo XXI, el porcentaje de la gente con más de cien años será casi seis veces mayor que en la actualidad, y el porcentaje de la gente mayor de sesenta y cinco años se incrementará aproximadamente de quince a casi treinta por ciento de la población. Ya que la gente vivirá más tiempo, es el momento adecuado para que defina las prioridades y planee la vida sexual satisfactoria que puede tener para cuando su pelo se torne cano. De otro modo podrá estar envejeciendo sin ese ingrediente que proporciona alegría al espíritu: las relaciones sexuales agradables.

Es ilógico esperar que el sexo sea de nuevo excitante automáticamente cuando su hijo menor egresa de la universidad, y de pronto usted y su pareja se encuentran disponibles el uno para el otro. No funciona así. Recuerde, los hábitos originados hace veinticinco años son muy difíciles de romper, de manera que es mejor que haga del sexo una parte importante de su vida *justo en este momento.*

Lo que le sugerimos es que capture los mejores momentos del día y de la semana para que el sexo tenga lugar. Asegúrese de procurar el tiempo suficiente para permitir que se despierten los deseo sexuales. Quizá deba ir más allá del llamado "preludio": tocar un pezón, frotar el clítoris o acariciar el pene. La antigua idea de que se necesita el tiempo suficiente para el preludio amoroso no siempre es verdadera, especialmente si existe alguna disfunción sexual o si uno o ambos cónyuges están fatigados o bajo estrés. Tal vez tenga que planear el mejor momento para que se reestablezca su energía síquica, como esperar el fin de semana, más que intentar un frustrado "rapidito" que de no ser exitoso, puede resultar sicológicamente nocivo.

Para muchos hombres y mujeres, un "rapidito" no necesariamente es malo. Es decir, si los dos pueden obtener satisfacción sexual durante un momento antes de salir a cenar, ¡fantástico! De ninguna manera el acto sexual rápido va a reemplazar a las prolongadas y tranquilas sesiones sexuales que ustedes disfrutan más, pero si tienen un horario que no les permite las relaciones sexuales con tanta frecuencia como quisieran y ninguno de los dos tiene pensamientos negativos acerca de los "rapiditos", entonces practíquenlo. Y si lo planean con anticipación, de manera que ninguno se muestre decepcionado, no es necesario que ambos alcancen el clímax en una sesión de este tipo. Pueden acordar que una vez sea el marido quien se recueste por unos minutos mientras que su esposa lo satisface, y en la siguiente ocasión sea su esposo quien la satisface con los dedos, la lengua o lo que sea.

Muchas mujeres temen que debido a que les lleva algunos minutos alcanzar el orgasmo, nunca obtendrán satisfacción con un "rapidito". Esto no tiene por qué ser así. Si usted es una de estas mujeres, puede aprender a responder más rápidamente siguiendo muchas de las sugerencias de este libro. Por algún motivo, al llevar a cabo un "rapidito", se pueden tener muchos pensamientos y fantasías eróticas mientras se ponen en práctica otras acciones. La esposa puede masturbarse con los dedos o con un vibrador antes de que su esposo la toque. Una de las mejores maneras de excitarse es planear el "rapidito" y sorprender a su pareja, comenzando el acto sexual de inmediato. Lo principal en estos breves momentos es divertirse y recordar que esta oportunidad no debe utilizarse para la complacencia de una sola persona.

Otro problema frecuente en la actualidad también parece estar relacionado en gran medida con la agresividad que la mujer asume al desenvolverse en el mundo de los negocios. Al parecer, muchos hombres que fueron educados en épocas más tradicionalistas, tienen dificultad para comprender esta creciente agresividad de sus mujeres. No nos referimos al tipo de agresividad sexual que analizamos al inicio de este capítulo, sino a una agresividad más general, que se deriva del mundo laboral de la mujer. Esta empieza a adoptar el rol masculino tradicional, tomando decisiones y asumiendo más responsabilidades que en otro tiempo podría haber dejado a su esposo.

Esta actitud molesta a muchos hombres, porque —sin ser capaces de expresarlo— les confunde que sus esposas asuman actitudes que antes sólo el marido asumía. Para expresarlo de un modo coloquial, estos hombres están preocupados acerca de "quien lleva los pantalones de la casa". Estos mismos hombres pueden sentirse amenazados por cuestiones insignificantes: que la mujer lleve el auto a reparación o negocie con el banco una hipoteca más alta. Aun insignificancias como éstas pueden afectar la imagen que un hombre tiene de su masculinidad si fue educado tradicionalmente. El comportamiento que ella presenta puede despertar en el hombre algunas dudas en cuanto a si su esposa lo considera aún el "hombre" de la casa.

Algunos hombres comienzan a sospechar que otro hombre puede estar detrás de la nueva independencia de su esposa. Estos celos no son positivos para el matrimonio o la relación y ciertamente no son buenos para el sexo. ¿Qué hacer al respecto? Antes de consultar a un consejero matrimonial o a un terapeuta sexual, comente estos temores y ansiedades. Es asombroso qué tan útil puede resultar una plática sincera con sentido común y expresar abiertamente sus sentimientos a su pareja. Además, si desea disminuir o eliminar cualquier problema sexual o mejorar la calidad de su vida sexual, *debe ser capaz* de expresar sus sentimientos y hablar con franqueza a su pareja.

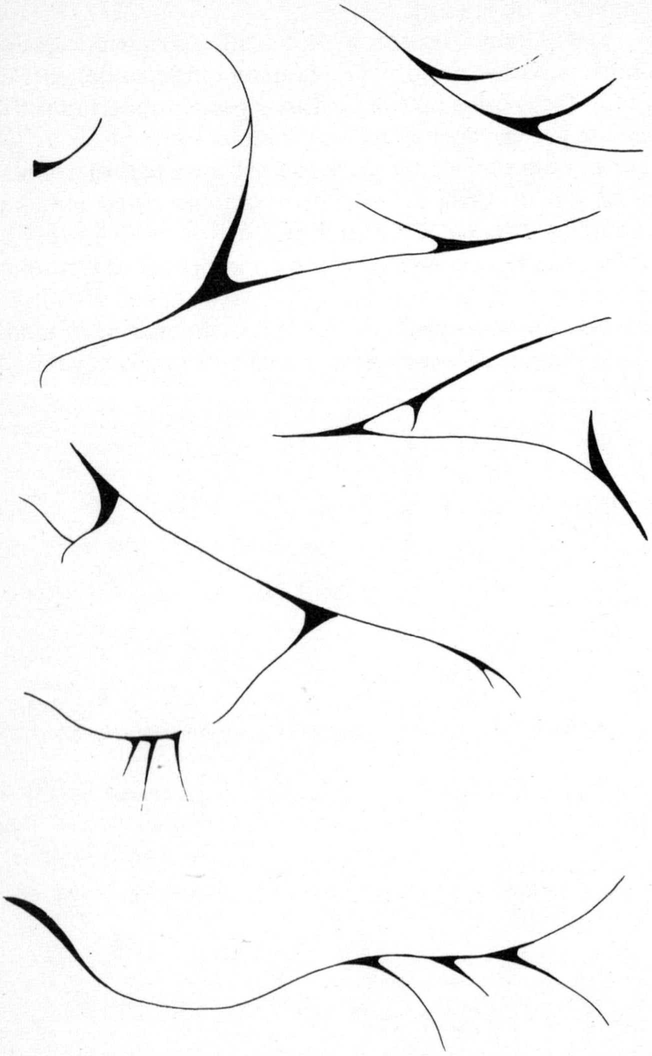

CAPÍTULO
8

Lo que puede hacer por usted mismo

En realidad, este capítulo está dividido en dos partes. En la primera se habla de lo que las mujeres pueden hacer para resolver algunas de las dificultades por disfunción sexual; en la segunda parte nos dirigimos a los hombres. Como consideramos que todos deben leer ambas partes, las incluímos en un solo capítulo. Esto permitirá que los lectores entiendan mejor algunas de las diferencias y similitudes que existen entre las respuestas sexuales de hombres y mujeres. Aun cuando discutimos algún método específico que se aplica sólo a uno de los sexos, es probable que una persona creativa del sexo opuesto lo integre a su propio programa de ejercicios.

Mujeres: Cómo ayudarse ustedes mismas

Una vez que usted ha leído hasta aquí, es probable que pueda descartar muchas posibles causas que podían dar lugar a lo que consideraba una disfunción sexual. *Ahora* está preparada para recibir una capacitación erótica más avanzada —esta vez de los genitales— si:

✔ 1. *Tiene control sobre el estrés y ahora es capaz de relajarse.*
✔ 2. *Ha practicado su habilidad para crear fantasías eróticas.*
✔ 3. *Ha aprendido a apreciar mejor la sensualidad de su cuerpo.*
✔ 4. *Ha entrenado a su mente para que piense en forma más erótica.*
✔ 5. *Está segura de que ningún medicamento o droga está interfiriendo con su respuesta erótica.*

Si después de las sugerencias que le hemos hecho y de que usted ha seguido al pie de la letra las indicaciones que se le han dado en las capítulos anteriores, *todavía* no siente interés por tener relaciones sexuales con nadie, no tiene sueños ni deseos eróticos, ni hay una respuesta placentera al tocarse usted misma o cuando alguien más lo hace o todavía experimenta algún sentimiento de repulsión hacia el sexo o los genitales, entonces tal vez sea el momento adecuado para hacer una cita con algún terapeuta sexual calificado o con su sicólogo clínico que evalúen su problema con más detalle. Desde luego, si lo desea, puede seguir poniendo en práctica las sugerencias que se presentan en esta última parte del libro. No queremos que piense que no tiene esperanza si no es la clase de persona erótica que hubiera deseado ser. Siempre existe la esperanza de que resuelva sus problemas sin importar qué tan difíciles de resolver parezcan. Si no podemos ayudarla nosotros, entonces quizá pueda hacerlo otro profesionista calificado.

Recuerde, en los capítulos anteriores hemos presentado un programa de entrenamiento para su cuerpo y mente, para lograr que usted física y sicológicamente alcance el placer sexual máximo. Estas etapas preparatorias son muy similares a las que practican los esquiadores cuando se preparan para realizar sus descensos. No sólo tienen que poner en práctica los ejercicios de calentamiento correctos antes de esquiar, sino que también deben mantener sus músculos tonificados y en forma cuando no practican su deporte favorito. Durante todo el año deben mantener la perspectiva mental apropiada. Consultan literatura sobre esquí, hablan sobre él e incluso sueñan con él. Los verdaderos esquiadores llegan a tener fantasías sobre su disciplina. Representan en la mente los movimientos que van a realizar durante su travesía desde la cima hasta las faldas de la colina. Como todos ellos saben, la representación mental es una parte muy importante en su preparación. Para resumir, la imagen que un esquiador profesional tiene de sí mismo debe desarrollarse y refinarse una y otra vez antes de que pueda esquiar en terrenos en declive.

Y así como el esquiador tiene siempre listos su equipo y su mochila, ustedes como amantes deben tener preparada una mochila erótica, como lo sugerimos en el capítulo 5. Recuerde, una mochila con objetos eróticos es como una mochila para esquiar, para jugar tenis, para guardar su equipo fotográfico o cualquier otra cosa para la recreación. Es para su diversión y tranquilidad mental, ¡no para el deber, la obligación ni el trabajo!

Ahora que ya cuenta con habilidad, que ya tiene el equipo y el conocimiento sobre todas esas técnicas y que, además, ya sabe cómo reducir el estrés y relajarse, ¿qué es lo que sigue? ¿qué puede hacer por usted para que resuelva el tipo de problemas que mencionamos en los capítulos 2 y 3? Empecemos con una de las dificultades más comunes y de la que hablamos en el capítulo 2: las mujeres que no pueden alcanzar el orgasmo.

Dificultad para alcanzar el orgasmo

Hicimos notar con anterioridad que el orgasmo es algo que las mujeres sienten que debe presentarse cuando existe *suficiente estimulación física.*

Ciertas mujeres experimentan dificultad para lograr un orgasmo cuando utilizan sus dedos para estimularse ellas mismas. Continúan esforzándose y empiezan a sentir lo que creen que es una excitación sexual en aumento, pero después ya no se incrementa. Esto se debe a que no es lo mismo el movimiento en aumento que la estimulación en aumento. Usted misma debe saber si es que alguna sugerencia que le hagamos es en verdad "estimulante" para *usted*. Puede utilizar el vibrador más potente sin que se sienta excitada con él. La estimulación es el efecto erótico positivo que uno experimenta y no la fuente de la posible estimulación.

¿Cuánto tiempo se necesita para la estimulación erótica? No existe ninguna posibilidad de establecer un número específico de minutos necesarios para que usted experimente un orgasmo. Eso varía de acuerdo a cada mujer y a la ocasión. Lo que podemos decirle es que tiene que planear una estrategia diaria con diferentes fuentes de estimulación e ir incrementando el tiempo en forma gradual.

Un plan para la estimulación

Nuestra sugerencia es que inicie la estrategia con la fuente de estimulación más común y sencilla: sus dedos. Comience con algunos minutos de autoestimulación manual, pero sólo *después* de haber creado el ambiente relajado y privado del que hablamos anteriormente, en el que no haya interrupciones. Mientras permanece acostada, ya sea con las rodillas flexionadas o no, lo que sea más cómodo para usted, dé un suave masaje al área cercana al clítoris durante algunos segundos para iniciar el proceso. Frote con suavidad arriba, abajo, a la izquierda y a la derecha del clítoris. De vez en cuando dé un ligero masaje al clítoris. Concéntrese en las sensaciones que experimenta sin tratar de pensar en la manera en que lo está logrando. Si después de algunos minutos la excitación sigue creciendo, continúe porque seguramente será lo correcto.

Si en algún momento siente que la excitación disminuye o desaparece, entonces deténgase. Su cuerpo le está diciendo que ya tuvo suficiente por el momento.

Cuando se haya detenido, refuerce esas sensaciones placenteras evocándolas. Para la próxima vez que pueda ejercitar el reflejo orgásmico, durante la fase de excitación varíe la forma de estimular sus genitales para incrementar la estimulación percibida —tal vez, acariciar sus pezones con la otra mano o juguetear con el ano. Vea si esto aumenta el nivel de excitación a un grado aún más alto.

Con la finalidad de aumentar aún más su excitación planee incorporar a su estrategia los "consoladores" de látex y después pruebe los vibradores o haga varias combinaciones. Pero recuerde, la meta es lograr una mayor excitación y no tiene que haber orgasmos en las primeras etapas de la estimulación genital. En otras palabras, su estrategia no tiene que girar en forma específica en torno al logro del orgasmo, sino más bien a incrementar el placer y las sensaciones percibidas. Conforme la excitación crece junto con sus fantasías, *permite* que el orgasmo llegue por sí mismo.

Piénselo de esta manera: está creando las *condiciones* que le permiten que éste sentimiento maravilloso, que se encuentra escondido en su interior, salga a la superficie. Considere que sus exploraciones y experimentos son un modelo de aprendizaje, una especie de mecanismo de bioretroalimentación, en el que su cerebro aprende y almacena las fantasías y movimientos adecuados que le ayudan a aumentar las sensaciones eróticas. De hecho puede que tenga que probar una gran variedad de técnicas, intensidades y fuentes de estimulación hasta que esté en posibilidades de desarrollar un patrón que funcione para usted. Esto lo puede lograr siendo sensible a aquellas técnicas que parecen aumentar *su* estimulación erótica y confiando menos en las que ya no le parezcan efectivas. En forma eventual, su repertorio habrá ejercitado el sistema vagina-clítoris lo suficiente para que no tenga que "sufrir" para lograr un orgasmo.

Recuerde, debe concentrarse en *complacerse* usted misma y no sólo en alcanzar el orgasmo. Ahora seamos más específicos sobre los diferentes tipos de fuentes de estimulación.

Su mejor herramienta para resolver los problemas: la masturbación

Después de crear el ambiente necesario, acaríciese lentamente por todo el cuerpo; cara, muslos, brazos, vientre, senos, nalgas y cualquier parte que puedan alcanzar sus manos. Después deje que sus dedos circunden el área cercana al clítoris. Muévalos dentro y fuera de la vagina y utilice la lubricación natural para humedecer los labios externos de ésta mientras les da un masaje. De vez en cuando deje que sus dedos acaricien el clítoris con suavidad y advierta su respuesta. Si le agrada la sensación, acaricie el clítoris con más frecuencia conforme aplica el masaje a su alrededor. A ciertas mujeres no les gusta estimular el clítoris en forma directa, porque perciben una sensación demasiado intensa. Pero esa es su decisión. Si disfruta de la estimulación manual del área de la vagina pero no logra sentirse estimulada eróticamente, no se desilusione. Debe seguir practicándola siempre y cuando sienta algún placer con ella. Esta es una experiencia de aprendizaje muy valiosa para la estimulación del reflejo orgásmico. Tómese su tiempo, recibirá su recompensa al ver incrementado su placer erótico por el resto de su vida.

Es muy importante que esta estimulación de la vagina y el clítoris se lleve a cabo diariamente. Sabemos que algunas veces puede resultar poco práctico tener la tranquilidad de que hablamos anteriormente, pero toda mujer debe contar con algunos momentos de privacía durante el día. Puede ser en la mañana, antes de salir de la cama, en el baño mientras se ducha, etcétera. Tal vez las condiciones no sean perfectas para crear el estado de ánimo necesario, pero aun así estas sesiones pueden ser valiosas oportunidades de aprendizaje para ayudar a que se desarrolle el reflejo orgásmico.

Conforme avanza en su aprendizaje y conoce la clase de movimientos dactilares y manuales, así como las áreas de su cuerpo que le provocan sensaciones más eróticas, empiece a aumentar la velocidad y la presión de los movimientos para saber si se incrementan las sensaciones eróticas y el clítoris presenta una erección. Sabemos que es difícil hacerlo, pero ¡*no piense en el orgasmo*! Sólo concéntrese en hacer que esas sensaciones sean aún más placenteras. Su objetivo a corto plazo deberá ser conocer más sobre lo que le hace disfrutar. Para algunas personas, son mejores los movimientos largos, lentos y que hacen más presión hacia arriba y abajo del clítoris. Para otras, pueden ser los golpecitos ligeros y repetitivos en el clítoris. Otras mujeres gustan frotarse con los dedos abiertos a ambos lados del clítoris. Es probable que la estimulación del clítoris sea la base para la expresión: "caricias diferentes para individuos diferentes". De manera que no permita que nadie le diga cómo "debe" hacerse. Sólo *usted* lo sabe. (Y debe saberlo muy bien para enseñar a su pareja a que la estimule de la mejor forma.)

A muchas mujeres les gusta sentir presión dentro de la vagina mientras se masturban. Pueden introducirse en ellas dos o tres dedos de la otra mano o pueden probar uno de los vibradores en forma de pene que mencionamos en el capítulo 5 (no son muy buenos para la estimulación, pero pueden servirle para dar esa sensación de que la vagina está ocupada). Tal vez quiera usar uno de esos "consoladores" de látex que se pueden conseguir en las tiendas especializadas en artículos sexuales. A muchas mujeres les parece que estos "consoladores" son satisfactorios para la masturbación porque son lisos y de textura suave. Están hechos con un material que no es poroso y son fáciles de limpiar. Conservan bien el calor, porque tal vez desee entibiarlos primero en un poco de agua caliente (precaución: para evitar posibles infecciones, nunca coloque un "consolador", dedo, etcétera, primero en el ano y después en la vagina).

Si aún el plástico tibio le deja fría, puede intentar con un pepino, como lo sugiere Betty Dodson en su excelente libro *Sex For One* (Sexo Para Uno):

> Usted puede tener un "consolador" orgánico con un pepino o con una calabacita italiana (tengo una amiga a la que le encantan las zanahorias marchitas). A un pepino se le puede dar el tamaño deseado con un pelador de papas, pero deje suficiente cáscara en la parte de abajo para manejarlo y para que a su amante no se le vaya a resbalar durante la noche. Si lo pela demasiado cerca de las semillas del centro, el pepino se va a ablandar. Los pepinos son húmedos y resbalosos por naturaleza y durante años se han utilizado para elaborar cremas de belleza.

Cualquier cosa que intente debe hacerlo con un espíritu de diversión, aventura e indulgencia. ¡*No piense en forma negativa*! Si piensa: "muy bien, lo intentaré durante cinco o diez minutos, pero no va pasar nada", puede estar segura de que no va a tener un orgasmo. En lugar de eso, anímese usted misma: "muy bien, durante las próximas tres semanas daré masaje y tocaré el área del clítoris cada día con entusiasmo, fantasía e imaginación, y dejaré que todo suceda tarde o temprano". Al reducir las expectaciones, aumenta la posibilidad de tener éxito.

Recuerde, es necesario que se masturbe una y otra vez para ayudar a que se convierta en una persona susceptible a experimentar orgasmos. ¿Esto quiere decir que todas las mujeres que lo son se han pasado años masturbándose? ¡No! Existen mujeres aparentemente susceptibles por naturaleza al orgasmo y aseguran que nunca se han masturbado. A muchas otras es necesario que se les dé una mano.

Resistencias contra la masturbación

Desde el punto de vista del terapeuta sexual, por lo general no existe otra forma de ayudarla a que se torne más susceptible a experimentar el orgasmo más que a través de la masturbación del clítoris y del área que lo rodea. Si todavía no es susceptible al orgasmo, probablemente si su esposo o su pareja la tocan en esa área no dé muy buenos resultados. La resistencia de usted misma a tocarse es quizás una extensión de aquella que siente contra el placer corporal que provenga de cualquier fuente. Recuerde, sólo *usted* puede hacer que se presente el orgasmo; nadie puede "darle" uno. Tampoco podrá ser susceptible a éste mediante la sicoterapia, la educación sexual, ni un conjunto de diagramas anatómicos. Todo esto puede ayudar a preparar el camino, como lo hemos hecho en este libro, pero finalmente todo depende de su habilidad para masturbarse y, después, de que trasmita a su pareja esta capacidad de dar placer. Por favor, no caiga en el error de pensar: "si en realidad me amara, sabría qué hacer para ayudarme a experimentar un orgasmo", o aún peor: "tal vez no pueda sentir un orgasmo porque no lo amo de verdad". Las personas que piensan así, están dejando que el aspecto sexual del matrimonio se deteriore en forma trágica.

Es probable que usted haya crecido con la noción errónea que hizo popular Freud: la estimulación del clítoris es infantil, porque produce un orgasmo "del clítoris" en vez de uno "vaginal". Simplemente debe liberar de su mente la idea destructiva de que una estimulación sexual femenina "saludable y madura" —que lleve al orgasmo— debe provenir de la penetración vaginal y de la presión del pene. El conocimiento que Freud tenía sobre la sexualidad femenina era rudimentario, y no debemos limitarnos por un mito que ha menospreciado a las mujeres que encuentran una gran satisfacción y alcanzan orgasmos por medio de la masturbación del clítoris. Si Freud estuviera leyendo lo que ahora escribimos, estamos casi seguros de que movería la cabeza en señal de aprobación.

La queja de Ellen

Si hasta el momento ha puesto en práctica nuestras sugerencias, es probable que sea capaz de experimentar orgasmos cuando así lo desee, siempre y cuando exista una estimulación suficiente del clítoris y del área que lo rodea. Pero esto no siempre funciona con la facilidad que quisiéramos. Hace poco, una cliente nos confió un problema al que se enfrentaba. Ella —llamémosle Ellen— nos aseguró que no tenía ninguna dificultad para lograr un orgasmo con la ayuda de un vibrador, pero que cuando su pareja practicaba el sexo oral con ella, no siempre lo alcanzaba. Ellen también señaló que no tenía éxito en lograr el orgasmo cuando utilizaba sólo sus propios dedos. De manera similar, su pareja no podía hacerla alcanzar el orgasmo con sus dedos.

Desde luego, existen muchas posibles explicaciones para estos retrasos orgásmicos. La más probable es que la pareja de Ellen no esté complaciendo de manera correcta ni suficiente con su lengua o dedos. Pero si éste fuera el caso, Ellen debería ser capaz de llevarse ella misma hasta el orgasmo con los dedos, una vez que ya aprendió a hacerlo con un vibrador. Esto no es necesariamente cierto. Ya nos hemos enfrentado a esta situación en el pasado y creemos que tiene alguna relación con las asociaciones negativas de la infancia con la masturbación. Sabemos que en el pasado las madres castigaron a muchos niños porque los sorprendían masturbándose, aun en edad muy temprana desafortunadamente, algunos padres todavía siguen esta disciplina tan dañina). Por lo general, esto ocurre en una edad en que los niños son demasiado pequeños para entender las razones o la moral con que los padres se respaldan. Lo que sucede es que el niño empieza a creer que sus acciones —jugar con sus genitales— son algo negativas, a pesar de que se siente tan bien. A menos que estos sentimientos se borren en algún momento de sus años formativos o de adolescencia, es probable que algunos de estos niños desarrollen una actitud que los hará rechazar la masturbación cuando crezcan. En el mejor de los casos, se sentirán incómodos o culpables cuando lo hagan y perderán la mayor parte del placer.

No sabemos si éste es el problema de Ellen. Pero si es así, no es sorprendente que no pueda ayudarse a alcanzar el orgasmo con sus dedos. ¿Entonces por qué tiene éxito con el vibrador? Existen dos explicaciones posibles: La primera es que como el vibrador no es parte de su cuerpo, representa una situación diferente a la masturbación por la que probablemente se le castigó en la infancia; tal vez no existan la inhibición ni la culpabilidad asociadas con el uso de sus dedos. La segunda es que un buen vibrador —utilizado en la parte en que más estimula a Ellen— puede producir una sensación tan intensa que sobrepasa cualquier sentimiento de culpabilidad que pueda inhibir la respuesta orgásmica.

¿Qué le sugerimos a Ellen que hiciera? En primer lugar le planteamos lo más obvio: debía ser más específica al señalarle a su pareja la manera *exacta* en que debía complacerla oral y manualmente. En caso de que esto no funcionara después de varios intentos, entonces debía utilizar el método de *transferencia* que le permitiera alcanzar el orgasmo cuando su pareja o ella misma se estimulara con el dedo. ¿Qué queremos decir con *transferencia*? Significa trasladar de un vibrador a sus dedos o a los de su pareja (o su lengua) la capacidad de provocar el orgasmo.

Ya que en el caso de Ellen ella es capaz de alcanzar el orgasmo utilizando un vibrador, le sugerimos que practicara lo siguiente, de preferencia cuando no estuviera su pareja: Le indicamos que utilizara el vibrador hasta que estuviera a punto de experimentar el orgasmo. Cuando sintiera que éste ya venía, Ellen tenía que dejar el vibrador y continuar con sus dedos para completar el orgasmo. También le recordamos lo importante que es provocarse placer con sus dedos en el área de la vagina durante unos minutos después del orgasmo. Después de unas sesiones con esta característica, le sugerimos que utilizara el vibrador sólo por uno o dos minutos y luego cambiara a sus dedos durante el mismo periodo de tiempo, alternando así hasta experimentar el orgasmo. De manera similar, debía realizar estos ejercicios alternando los dedos de su pareja y el vibrador, y su lengua y el vibrador.

Para muchas mujeres, esto es *más* que suficiente; pero para otras —y éste fue el caso de Ellen— era necesario un poco más. También le sugerimos que seleccionara de su repertorio mental una de sus fantasías favoritas —o que creara una nueva y excitante historia y que utilizara esta fantasía mientras se masturbaba con el vibrador y sus dedos.

Nos hemos extendido explicando el caso de Ellen, porque sabemos que muchas personas están preocupadas debido a que obtienen mucho placer de sus vibradores y piensan que pueden llegar a ser dependientes de ellos y no ser capaces de obtener placer de un dedo o lengua que no sean electrónicos. Dudamos que esto pueda suceder, pero es cierto que para algunas personas esta profecía puede tornarse en realidad. Para ellas, el temor de estar demasiado satisfechas por la intensidad de los vibradores y no ser capaces de experimentar placer con las formas tradicionales, es muy real. Si llega a tener esos temores, tenga presente el caso de Ellen y advierta que no es muy difícil transferir las propiedades del placer del vibrador a los dedos.

En el capítulo siguiente plantearemos algunas variaciones de estas técnicas de *transferencia* para transferirle a su amante la habilidad que pueda tener usted misma para llegar al orgasmo a través de la masturbación, de modo que pueda hacerle sentir lo mismo durante el coito.

Un problema orgásmico poco común

Para la mayor parte de las mujeres, es suficiente tener la capacidad de lograr orgasmos cuando lo deseen. Pero existen algunas para quienes esto no es suficiente. Han oído hablar de las mujeres que experimentan "orgasmos múltiples" y quisieran ser como ellas. Hasta donde hemos investigado no existe ningún secreto ni misterio sobre la capacidad de tener un orgasmo después de otro en un solo episodio sexual. Es cuestión de deseo, práctica y técnica.

Si usted es capaz de sentir orgasmos y desea convertirse en una persona susceptible a alcanzar orgasmos múltiples, aquí le presentamos algunas consideraciones que debe recordar. Un considerable número de mujeres nos han confesado que después de que alcanzaron el orgasmo, el clítoris se torna sensible en extremo —casi al punto de sentir dolor— si se mantiene una estimulación en él. En muchos casos, la mujer aleja el rostro o la mano de su pareja según sea el caso. Esto tiende a ser la señal para ella o su pareja de que el acto sexual terminó por su parte. Pero como el estado de excitación de las mujeres es todavía alto en este punto, puede experimentar con facilidad otro orgasmo si así lo desea.

Para prepararse con rapidez para sentir otro orgasmo, cambie el método de estimulación fuera del clítoris, en el área que lo rodea, los pezones o el ano, y empiece de inmediato una nueva fantasía. De vez en cuando, ella o su pareja deberá estimular ligeramente el clítoris para saber si está listo para recibir la clase de placer que podrá llevarla al orgasmo. Desde luego, la comunicación entre su pareja y usted es vital para que esto tenga éxito. Después de que realice algunas sesiones similares, se dará cuenta de que podrá experimentar orgasmos múltiples cuando lo desee, con o sin su pareja. Desde luego, esto es más difícil durante el coito, pero se puede lograr con un poco de imaginación y la disposición que tenga el hombre de posponer su orgasmo. ¿Cómo puede lograr esto? Espere a leer la segunda parte de este capítulo.

Perder la habilidad orgásmica

Existen algunas mujeres que en el pasado experimentaban orgasmos, tal vez durante la actividad sexual con otra pareja, pero ya no son capaces de alcanzarlos. Digamos que la mujer se encuentra ahora involucrada en una relación amorosa que no desea terminar. En este caso, primero tenemos que saber si es capaz de provocarse ella misma el orgasmo por medio de la masturbación. Si no es así, le recomendamos los mismos ejercicios que le sugerimos a las mujeres no susceptibles al orgasmo: reducir el estrés, crear un medio ambiente relajado y apropiado, desarrollar habilidades para tener fantasías, hacer que surja un interés erótico, etcétera.

Es probable que el problema se deba sólo a la incompetencia de su pareja. Aunque usted no lo crea, todavía existen por ahí adultos sexualmente ignorantes e incompetentes. Si ella tiene una pareja a la que ama pero resulta ser un amante aburrido, entonces deberá convertirse en una educadora sexual más que en una pareja sexual. Lo más sencillo de hacer es tomar la mano de su pareja y utilizar sus dedos como si fueran los propios y alcanzar el orgasmo de esta forma. Después de algún tiempo, él aprenderá a utilizar sus dedos y su lengua en la forma en que incrementa su excitación erótica hasta que usted alcance el orgasmo.

Otra manera muy excitante para la mayoría de las parejas es mostrárle cómo recostarse y pedirle que observe con detalle cómo se masturba hasta lograr el orgasmo. Exteriorice los sonidos del placer que experimenta, pero trate también de describir sus movimientos de manera que su pareja pueda aprenderlos.

Las mujeres tienen diferentes formas de estimularse eróticamente hasta alcanzar el orgasmo: dedos, manos, almohadas, sábanas, "consoladores", vibradores, masajes, lengua, dedos pulgares del pie, penes, pepinos, zanahorias, calabacitas italianas, chorros de agua, baños de burbujas, etcétera; algunos son más sofisticados, más rápidos, más convenientes, más baratos o más intensos. Pero todos los caminos llevan al mismo destino: el placer. Sin embargo, cuando la idea es que su pareja la lleve al orgasmo, una mujer no puede esperar que su hombre le lea la mente para saber lo que prefiere en ese momento y lo que necesita. *Primero debe* conocer qué método la lleva al orgasmo para después comunicárselo a su pareja. En realidad, no importa qué método o posiciones utilice la pareja, siempre y cuando ella esté satisfecha con el orgasmo y a él le agrade lo que hace.

Con frecuencia hemos escuchado de hombres que presionan a su pareja para que alcance el orgasmo durante el coito. Para algunas mujeres, ésta no es una meta alcanzable debido a razones anatómicas, sicológicas o situacionales. Lo importante es que los hombres se den cuenta que no es fundamental que el orgasmo se presente durante la penetración, sino que la mujer experimente un orgasmo satisfactorio. Es cierto que no existe un *valor* médico que se pueda dar al hecho de que la mujer experimente el orgasmo durante la penetración, ya que no es algo que lleve a la concepción (si está tratando de tener un bebé). Tanto para el hombre como para la mujer, el acto sexual no será más "completo" si el orgasmo de la mujer se presenta cuando penetra el pene. Tampoco el orgasmo durante el coito va a hacer más satisfactorio que si se alcanza en cualquier otra forma.

Todavía existen algunas personas que creen que el "orgasmo simultáneo" es la meta máxima de las relaciones sexuales. Es una lástima que tantos hombres y mujeres se hayan sentido mal en el pasado porque no pudieron alcanzar esta meta sexual durante el coito, que se consideró "ideal" en ese bien intencionado pero equivocado abuelo de los manuales sexuales: *Ideal Marriage* (El Matrimonio Ideal), de Theodore Van de Velde. Aunque no existe nada anormal acerca de esta meta, tenga presente que —por las razones que explicamos antes— puede ser que no se logre; y aun si se alcanza, muchos hombres y mujeres señalan que cuando así sucede no pueden apreciar por completo la belleza del orgasmo de su pareja por encontrarse tan abstraídos por sus propias sensaciones.

Momentos en que no sucede nada

Ya explicamos en el capítulo 2 que algunas mujeres experimentan un momento de vacío antes de la respuesta orgásmica, en el que parece que no va a suceder nada más. Esto puede provocar que una mujer piense que ya todo terminó y se desanime. Si esto le sucede a usted mientras practica los ejercicios de masturbación, debe continuar e incluso *incrementar* la estimulación del clítoris y del área que lo rodea hasta alcanzar nuevos niveles de sensación. Para lagunas mujeres, esta "calma antes de la tormenta" es un preludio necesario para la respuesta orgásmica. En muchas formas, es como un estado de meditación que ofrece la naturaleza a las mujeres para que puedan olvidar la "cascada" de pendientes que tienen en su mente y se concentren en las sensaciones que produce el llegar al orgasmo. Pero si llena su cabeza de ansiedades, dudas y distracciones, se puede perder la sensación del momento y también el orgasmo. Asimismo, es posible considerar ese "momento" de manera positiva, como el punto en el proceso del orgasmo en el que de manera consciente retira los pensamientos y permite que la invada la sensación corporal. Considere esta falta de sensación momentánea como un aviso para la llegada de sensaciones nuevas y más intensas. Este es el momento en que debe centrar su atención únicamente en las sensaciones producidas por una simple fantasía del clítoris estimulado por la mano, lengua o pene de la persona con la que más desea tener intimidad. Atrape esa escena y quédese con ella, mientras incrementa la intensidad de su estimulación durante unos minutos para alcanzar el punto más alto.

Orgasmo retardado

Existen algunas mujeres que se quejan de que sólo son capaces de experimentar orgasmos después de una larga sesión ya sea de autoestimulación o con la ayuda de su pareja. Para ellas, el sexo se ha convertido en un trabajo y por tanto no imprime ese sentimiento de satisfacción después del orgasmo. Disfrutarían más de toda la experiencia (y lo mismo sucedería con sus parejas, quienes la mayor parte de las veces tienen que hacer casi todo el "trabajo") si pudieran alcanzar el orgasmo con más rapidez. Todo este "trabajo pesado" es fácil de evitarse si usted ha puesto en práctica las acciones que le hemos indicado en este libro, si ha descartado los medicamentos y el alcohol y utiliza esas fantasías que parecen haber funcionado mejor para usted en el pasado. Altere el ambiente que le rodea, el estado de ánimo, los olores, las caricias y demás, hasta que encuentre la combinación perfecta para usted. Introduzca algo de diversión en su vida sexual. La risa es uno de los reductores de estrés más conocidos, y es probable que sea el estrés el que esté provocando que el orgasmo se retrase. En cualquier caso, asuma el control, *no se queje* y haga que se presente una mejor vida sexual.

Dolor

Como ya lo señalamos en el capítulo 2, es probable que una mujer experimente dolor durante y después de la penetración. Una vez más, cualquier dolor se debe considerar de manera muy seria y debe consultarse de inmediato al ginecólogo. Sin embargo, si no existe ningún problema físico en su vagina, deberá poner en práctica algunas de nuestras sugerencias. Si el dolor persiste, entonces por favor consulte a un especialista médico para que le prescriba un tratamiento.

La causa más común del dolor en la mujer, ya sea al penetrar el pene o algún tiempo después, es la falta de lubricación. ¿Cómo corregir esto? Aquí, el conocimiento de las causas determina las formas en que puede eliminar el dolor. La falta de lubricación puede ser el resultado del uso de antihistamínicos u otros medicamentos que provocan la resequedad de la mucosa. Para algunas mujeres, pueden tener un efecto más generalizado, incluyendo la disminución de la lubricación vaginal. Si la falta de lubricación se presenta cuando usted ha estado tomando alguna medicina, consulte a su médico y pídale que le recomiende un medicamento similar que no tenga este efecto.

Si la falta de lubricación se deriva de una estimulación física o erótica insuficiente, regrese a los primeros capítulos de este libro y practique sus habilidades eróticas.

Ya sea que su falta de estimulación sea pasajera o que por lo general no lubrique lo suficiente, utilice un buen lubricante tipo gel. Algunas mujeres prefieren la sensación que produce la vaselina, la cual es adecuada siempre y cuando no utilice un diafragma o un condón (una pomada de petrolato, como la vaselina, puede debilitar los materiales que se utilizan en esos aparatos para el control de la natalidad).

Si la falta de lubricación se debe a su esposo o amante, entonces deberá adoptar el papel de educadora y hacer que conozca más sobre sus preferencias sexuales. Es muy probable que no sea porque es egoísta o porque no le importe. Aunque parezca increíble, aun en estos días y en este siglo existen muchos hombres que no saben nada sobre las respuestas sexuales de sus esposas. Especialmente esto es cierto cuando la mujer ha fingido o exagerado su pasión con objeto de hacerlo sentirse mejor. Tal comportamiento sólo provoca que el esposo crea que cualquier cosa que esté haciendo es la correcta. No espere que él obtenga el conocimiento por ósmosis o a través de alguna revelación. La naturaleza no nos proporciona un libro de texto, y un hombre sólo puede aprender sobre la sexualidad de una mujer por medio de su amante. De tal modo, hable con él y dígale exactamente lo que desea. Si es necesario, tome su mano y muéstreselo.

Vaginismo

Algunas mujeres experimentan dolor al momento de la penetración porque los músculos de la vagina se han estrechado tanto que la abertura llega a ser demasiado angosta para que el pene se introduzca con comodidad. ¿Qué puede hacer si cree tener este tipo de problema? Primero consulte al ginecólogo para asegurarse de que no existe ningún problema físico. No creo que quiera recurrir a la terapia sexual por algo que puede ser corregido por el médico. Pero si no existe ningún problema físico, no es necesario que consulte a un sicólogo clínico ni a un siquiatra antes de probar con un *dilatador*. Puede comprarlo con la receta de su médico, quien le sugerirá los tamaños correctos. Su largo varía de entre nueve y diecisiete centímetros, y su grosor va del de un dedo hasta el de un pene o más. Algunas veces, se pueden emplear "consoladores" pequeños como dilatadores, siempre y cuando empiece con el tamaño más pequeño.

Antes de que utilice cualquier cosa, aplique mucho lubricante (y no olvide las fantasías). Primero introduzca su dedo, para hacer que su vagina se acostumbre a la sensación de tener algo adentro. Después, cuando se sienta cómoda con el dedo, retírelo, agregue más lubricante y deslice el dilatador con suavidad. Si parece existir una fuerte resistencia, deslícelo pero siempre tan lento que esté segura de no provocar ningún dolor. Por cierto, no confunda esos dilatadores que parecen penes erectos con el tipo de dilatador que utilizan los ginecólogos para el examen interno de la vagina. Los que emplean los médicos separan los músculos con un poco de presión, mientras que los dilatadores de los que hablamos relajan los músculos y permiten que la vagina acepte inserciones.

Falta de deseo sexual

Ahora ¿qué puede hacer si está interesada en el sexo, tiene a su lado una persona amorosa y que significa mucho para usted, produce suficiente lubricación y no hay dolor al momento de la penetración y desea tener relaciones sexuales pero parece que no tiene la "sensualidad" (la sensación de urgencia sexual) que tuvo una vez o que cree que debería tener? En vez de eso, piensa: "puedo tener relaciones sexuales o no, me da lo mismo". No tiene aversión por el sexo, pero tampoco lo desea en realidad. Primero que nada, debe leer una vez más los capítulos anteriores en los que hemos hablado de crear su propio interés en el sexo y reducir cualquier estrés que pueda inhibir sus deseos sexuales. Si considera que ha realizado todo lo necesario por crear el deseo, que no está enojada con su pareja y que no está utilizando ningún medicamento que pueda reducir su libido (fungicidas, medicinas contra el glaucoma o contra la tos), entonces es probable que tenga algunos problemas interpersonales en su relación o algunos aun más profundos que deberán ser evaluados por un consejero matrimonial o un sicólogo.

Sólo usted puede encontrar la principal fuente del problema o disgusto con su pareja, preocupación sobre la duración de la relación, dinero, desilusiones, expectaciones poco realistas, o lo que sea. Si algunas veces tiene la sensación de que éstas son las verdaderas causas por las que pierde el interés, puede ir con su pareja y decirle: "discutamos esto en la sala, en vez de hacerlo en la recámara". También le puede ayudar el elaborar un "inventario" de sus fortalezas y debilidades matrimoniales. En el frente de una hoja de papel escriba todas esas cosas por las que se encuentra feliz en su relación; en el reverso anote todos los aspectos negativos de su relación. Discuta tranquilamente todos los puntos negativos con su pareja, pero también subraye los puntos positivos de la relación, de manera que estas fortalezas les puedan ayudar a sobrellevar las dificultades al irlas mencionando.

Con mayor frecuencia de la que se cree, la falta de deseo sexual está relacionada a algún problema en la vida emocional que existe entre la pareja o que de alguna forma es situacional; es decir, que se debe a uno o más aspectos que mencionamos en el capítulo 2. Son tan importantes y afectan negativamente nuestras vidas sexuales, que debemos examinarlos una vez más:

- ✔ *El estrés por el trabajo, paternidad, falta de dinero, etcétera.*
- ✔ *Miedo a quedar embarazada.*
- ✔ *Falta de práctica erótica y sensual.*
  Práctica insuficiente en proporcionar placer al cuerpo.
- ✔ *Temor a las fantasías sexuales y a revelar el subconsciente. Vienen a la mente imágenes prohibidas, relaciones homosexuales o incestuosas.*
- ✔ *Problemas con su pareja.*
  Falta de higiene, obesidad, ignorancia sexual, enojo.
- ✔ *Medicamentos, alcohol y otras drogas; medicinas contra la gripe, opeáceos, "depresores" y otros.*
- ✔ *Cambio de los roles femenino y masculino.*
  Enfrentarse a una mujer más decidida, igualdad en el matrimonio.
- ✔ *Aversión a los genitales.*
  Pensamientos inconscientes acerca de que la vagina o el pene son "sucios", "huelen mal" o son "peligrosos".
- ✔ *Haber sufrido abuso sexual cuando niño o ya en la edad adulta.*
  Incesto, violación, abuso sexual o abuso sicosexual.

- ✓ *Imagen pobre de uno mismo.*
  Haber crecido con abuso verbal por parte de los padres: "esperamos que tengas la suficiente suerte como para encontrar a un hombre que quiera casarse contigo".
- ✓ *Aburrimiento.*
  Ya lo ha hecho todo. "¿Eso es todo, amigo?"

Estrés

Si ha leído con cuidado este libro y ha llevado a la práctica nuestras sugerencias, ya ha obtenido valiosos métodos para enfrentarse a los factores que provocan estrés en su vida. No importa qué tanto éxito haya tenido en reducir el estrés, porque de cualquier forma todos seguiremos experimentando cierto estrés en nuestras vidas. Pero no todos permitimos que interfiera en nuestra vida sexual. Aquellas personas que no dejan que el estrés les afecte, conocen la realidad de éste y se han *hecho cargo* del problema encontrando alternativas para las situaciones estresantes. Si piensa que hay pocas cosas que pueda hacer para evitar las situaciones estresantes, puede concentrarse en estos métodos que sugerimos con anterioridad, como la meditación para ayudar a evitar que el estrés la dañe a usted y a su vida sexual. Si aun así advierte que no puede enfrentarse al estrés sola, puede consultar a un especialista en este tipo de terapia. Su médico debe ayudarla, o también puede preguntar por una clínica contra el dolor. La mayoría de las clínicas contra el dolor cuentan con terapias para reducir el estrés y están en contacto con otros programas que se especializan en esto. Desde luego, será mejor si puede aprender a manejar el estrés por sí sola desarrollando sus propias habilidades; así lo podrá controlar el resto de su vida. Pero si no puede hacerlo, consulte a un profesionista.

Miedo a quedar embarazada

Si el miedo a embarazarse está produciendo su falta de deseo sexual, las soluciones dependen de las restricciones que su religión tiene sobre los diferentes métodos de anticoncepción. Si no existe ningún problema con las normas religiosas, entonces su ginecólogo le sugerirá el método más apropiado para usted y que vaya de acuerdo a sus condiciones físicas. Si existe ansiedad porque llegue a fallar la píldora, el diafragma o el condón, entonces pruebe con dos métodos anticonceptivos a la vez. Por ejemplo, utilice el diafragma mientras su esposo usa un condón. Si esto es necesario para darle tranquilidad, ¿qué importa? No hay nada de extraño que tanto el hombre como la mujer utilicen algún anticonceptivo al mismo tiempo. Si el miedo llega al punto de inhibir sus respuestas eróticas o su deseo por el sexo, entonces deberá consultar a un sicólogo. Debe descartar la posibilidad de que este temor sea el resultado de no desear un hijo de esa relación particular en la que se encuentra —tal vez existan algunas causas más profundas para este temor.

Un miedo extremo a embarazarse puede parecer exagerado para algunas personas, pero existen muchas mujeres que consideran el embarazo como una catástrofe debido a su situación en ese momento. Aunque respetamos los derechos y deberes de cualquier religión a condenar y prohibir el aborto entre sus seguidores, nos encontramos con mujeres que se embarazaron y buscan el aborto con desesperación. Ya que tomarán cualquier riesgo aun a costa de su vida, siempre debe existir la opción de un aborto seguro y legal practicado por un médico calificado para aquellas mujeres a quienes sus convicciones religiosas se lo permitan. No estamos en favor del aborto como una medida anticonceptiva y lo consideramos como un asunto muy serio y como el último recurso. Creemos que esta medida es necesaria cuando el embarazo se debe a una falta de anticonceptivo, a una violación, abandono del padre, seducción de un adolescente por parte de un adulto, o cualquier situación similar. Hasta donde sabemos, la decisión de abortar nunca fue tomada a la ligera por las mujeres y casi siempre ha ocurrido cuando no existía ninguna otra alternativa razonable.

Si existe una prohibición religiosa en contra de los anticonceptivos artificiales, todavía puede lograr evitar un embarazo no deseado con la abstinencia durante el período fértil de su ciclo menstrual. Puede aprender a determinar estos días fértiles con ayuda de su ginecólogo. Muchas personas llaman a este método "ritmo" o método natural.

Falta de práctica erótica

¿Qué puede hacer si ha llevado a la práctica los consejos presentados en los capítulos anteriores sobre los masajes en la regadera, los baños de burbujas, la luz de las velas, las fantasías eróticas, los momentos oportunos para tener relaciones sexuales y todavía no siente ningún deseo por el sexo? Primero que nada, tiene que ser honesta con usted misma sobre qué tanto ha practicado y valorar los cambios positivos que ha notado. ¿Cuánto practicó? ¿Le dedicó sólo diez minutos durante tres días, o en verdad lo realizó todos los días durante tres meses? En realidad estuvo consciente de cualquier sensación física y sicológica diferente —por ejemplo, la erección de los pezones cuando tocó sus senos. Si nunca antes había reaccionado así , esto indica que va en la dirección correcta. Tal vez sólo necesite más tiempo. Dése unas semanas más e intente ser sensible a los pequeños cambios de sus respuestas eróticas, a sus actitudes y a lo que ha precipitado estos cambios. Y una vez que haya procedido de esta manera, puede aumentar la frecuencia de esas actividades que dan lugar a tales respuestas. Si en realidad no advierte algún cambio y sus deseos no se han incrementado en absoluto, entonces es probable que deba consultar a un sicólogo para que determine si los problemas se encuentran a un nivel más profundo y que no son producto de la simple falta de práctica erótica.

Temor a tener fantasías sexuales y revelar el subconsciente

¿Cómo es que la gente maneja esos pensamientos de actos sexuales que se le enseñó que eran prohibidos —homosexualidad, incesto, exhibicionismo, etcétera— y que algunas veces vienen a la mente y pueden causar una pérdida temporal del deseo sexual? Sabemos que es muy difícil, probablemente imposible, evitar que todos los pensamientos como éstos se presenten de vez en cuando. Si a usted le molestan tales pensamientos, recuerde que éstos no conforman la realidad. Las fantasías espontáneas de todo tipo son perfectamente normales y toda la gente las tiene. El problema real es si usted permite que estos pensamientos inhiban o impidan sus deseos y comportamiento sexual. En realidad, no existe nada de negativo en tener estos pensamientos.

En cierto sentido, debe aprender a tener estas fantasías, sabiendo que nunca las va a actuar ni a revelar a nadie. Ahora, si los pensamientos son muy amenazantes para usted, puede intentar redirigir la fantasía, remplazándola de inmediato con una imagen segura, hasta que desaparezca la prohibida. Esto es similar a emplear una palabra repetitiva durante la meditación. De tal modo, si aprendió a reducir el estrés utilizando la "respuesta de relajación" del Dr. Herbert Benson y de la que hablamos en el capítulo 4, ahora puede aplicar la misma técnica para eliminar en forma momentánea esos pensamientos sexuales no deseados.

Es importante entender que no todas las fantasías espontáneas significan lo que usted cree. Para muchas personas, estos pensamientos amenazantes son parecidos a los "deseos" de los niños pequeños que les dicen a sus papás: "te odio, me gustaría que estuvieras muerto". Sabemos que estos "deseos" no son lo que quiere decir el niño en realidad, sino que representan una falta de habilidad infantil para expresar la verdadera naturaleza del problema y los sentimientos que percibe el niño. En cierto sentido, el niño no sabe cómo comunicar sus verdaderos sentimientos, por lo que surge una imagen extrema como sustituto. En forma similar, algunos adultos no poseen la habilidad para expresarle su amor a un amigo o a una pariente, y este sentimiento amoroso emerge en un pensamiento que algunas personas confunden con el amor: sexo. Esto también podría ser cierto si los sentimientos incestuosos se confunden con las imágenes sexuales. ¿Por qué sucede esto algunas veces? Quizás se deba a una confusión de palabras y conceptos que existe en nuestro lenguaje. ¿Con qué frecuencia hemos escuchado la palabra "amor" utilizada cuando el que habla en realidad se refiere al acto sexual? Lo escuchamos muy seguido en las letras de canciones populares y en las conversaciones cotidianas: "ámame esta noche como nunca antes lo has hecho", o "¿alguna vez le has hecho el amor?" Mientras que no todo el mundo está confundido acerca de las diferencias existentes entre amor y sexo, existe un daño inconsciente en el intercambio de los dos. Cuando advertimos la frecuencia con la que confundimos amor con lascivia, podemos dejar de tener esos pensamientos indeseados.

Si ha puesto en práctica todas nuestras sugerencias y todavía tiene problemas por estos pensamientos, pensamos que sería conveniente consultar a un profesionista en esta área, quien pueda ayudarle a clasificar las razones que hay detrás de sus pensamientos.

Problemas con su pareja

Falta de higiene

Uno de los problemas más frecuentes al que nos enfrentamos y del cual muchas mujeres y hombres les da pena hablar, tiene que ver con los olores indeseables que provocan que algunas personas pierdan el deseo sexual. Como uno tiende a acostumbrarse a los olores de su propio cuerpo; y como nuestros olores no emanan cerca de nuestra nariz, las personas con frecuencia no advertimos que son ofensivos hasta que nos lo dicen nuestros cónyuges u otras personas importantes en nuestra vida. Por ejemplo, algunas personas no ponen cuidado al limpiarse después de acudir al sanitario, o no se lavan adecuadamente en la regadera o al cepillarse los dientes. En algunos casos, lo que causa el problema pueden ser úlceras, problemas digestivos, dentales o de las encías. En las mujeres, la limpieza apropiada del área de la vagina puede evitar los olores desagradables para su pareja, pero muchas mujeres pueden no advertir el olor al principio de una infección o de algún otro problema. Desafortunadamente, algunos hombres suponen que el olor desagradable que emana de la vagina de una mujer es normal y no se atreven a preguntárselo a sus mujeres.

Ahora, no piense que estamos a favor de esterilizarse la piel antes de que dos personas tengan relaciones sexuales, también estamos conscientes de que muchas personas exageran aun ante los más mínimos olores corporales, teniendo sentimientos muy negativos acerca de ellos. Cuando eran muy jóvenes probablemente se les enseñó a controlar los olores de las diferentes partes del cuerpo en forma muy severa para que nadie los notara. Como consecuencia, cuando llegan a adultos y huelen esos olores en alguien más, les llega a la mente la imagen de alguien que no controla esos olores "sucios". Sienten que no deben estar presentes en una situación interpersonal, aun entre marido y mujer. Recuerde, existe una cierta cantidad de olores naturales que se presentan aun cuando exista la higiene apropiada. Algunos olores —el sudor, por ejemplo— de hecho pueden excitar sexualmente a las personas. De modo que antes de que corra a darse un regaderazo cada vez que desee tener una relación sexual, discuta este aspecto con su pareja.

También existen situaciones que involucran olores y pérdida del deseo que se deben a aspectos más serios. Nos referimos, por ejemplo, a las mujeres que cuando jóvenes sufrieron el abuso físico o sexual por parte de sus padres alcohólicos. En consecuencia, el olor de una bebida alcohólica en el aliento de un marido amoroso puede traer recuerdos negativos y una fuerte aversión a la intimidad. Como muchas mujeres que han tenido estas experiencias en su infancia han eliminado los recuerdos, pueden reaccionar en forma negativa contra sus esposos sin saber por qué. Estas mujeres deben consultar a un sicólogo porque, a menos que se trate el problema, tendrá un impacto cada vez más destructivo en la relación. Pero aun en estos casos, discuta los problemas antes que nada. Puede ser que le ayude el simple hecho de expresarlos.

Aumento de peso

¿Qué hay acerca de que el deseo se pierde por el aumento de peso en usted o en su pareja? Aquí debemos tener cuidado para no dejarnos atrapar por las imágenes del hombre y la mujer que han creado los medios de comunicación. Si creemos que una mujer "saludable" debe tener un cuerpo como el de Cher o Jane Fonda, y un hombre sano se debe parecer a Tom Selleck o Don Johnson, entonces nos avergozaremos de nuestra apariencia o de la de nuestra pareja. Recuerde, puede tener relaciones sexuales fantásticas aun cuando usted esté pasado de peso y su mujer parezca la novia de Popeye. No sólo en la Edad Media eran más deseables las mujeres regordetas, también en el siglo XX; un hombre más pesado era considerado más próspero y tenía más éxito, porque eso indicaba que tenía el dinero suficiente como para comer bien. Entre muchos emigrantes a este país, el tener un hijo "sano" significa tener un niño "regordete", porque las personas piensan que estar gordo es igual a estar sano. Un cuerpo estilizado y firme se debe desear porque es sano, pero no porque esté a la moda. Si el peso de su cuerpo, o el de su esposo, llega a ser tan alto que interfiera físicamente con el sexo, ésa es otra cosa. Ese tipo de obesidad debe ser tratada por un médico tan pronto como sea posible. Si se trata de un ligero aumento de peso por parte de su cónyuge, esto no debe afectar sus deseos sexuales —a menos de que utilice esta situación como una excusa para ventilar algún problema más serio en su matrimonio—. Desde luego, debe discutir esto con su pareja, y si le parece que su falta de deseo no se debe al problema de peso, sino a aspectos más serios de la relación, entonces deberán consultar a un consejero matrimonial.

Ignorancia sexual

Todavía en la década de los noventa nos encontramos con mujeres que han "apagado" sus deseos sexuales por la incompetencia sexual de sus parejas. Sus esposos permanecieron en la ignorancia sexual durante todos los años de matrimonio, sin darse cuenta que el clítoris y otras áreas del cuerpo de sus mujeres debían ser estimuladas y excitadas antes de la penetración. Por su parte, sus esposas no se masturbaron para ayudar a estimularse, y así cayeron en un patrón de aburrida pasividad sexual, pensando que debía haber algo malo en su capacidad de respuesta sexual.

Cuando un hombre cree que todo lo que tiene que hacer para satisfacer a su mujer es penetrarla y moverse hacia dentro y hacia afuera, entonces es un ignorante sexual. Desafortunadamente, algunas mujeres alimentan la ignorancia de sus esposos al fingir con murmullos y jadeos que están disfrutando del sexo. Algunas veces incluso fingen tener un orgasmo, porque no desean herir los sentimientos del hombre que aman. Es probable que estas mujeres se sientan muy cumplidoras y consideradas, pero viven frustradas sin ninguna necesidad. Si usted se encuentra en este tipo de situación, primero debe hacerse cargo de su propia estimulación a través de las diferentes técnicas descritas en este libro. Después debe ayudar a su esposo en forma gentil y muy sutil; deben leer juntos este libro y discutir las diversas cosas que desearía que él le hiciera.

Enojo

Algunas veces, la gente no se da cuenta de que está molesta con su pareja. Existen personas que parecen estar enojadas constantemente, no sólo con sus cónyuges, sino con todos y todas las cosas. Cuando se habla con ellos, uno comprende que no existe nada en particular que los haga actuar así —algo que puede evitarse o cambiarse con facilidad—, sino que parece que están en contra de la vida misma. Si usted siente este enojo o si otros se lo hacen ver, entonces deberá hacer algo para evitarlo. No puede tener relaciones sexuales positivas con un sentimiento desagradable en usted. Incluso si intenta ejecutar los ejercicios autoeróticos de los que hablamos con anterioridad, solamente llevará ese enojo a su propio cuerpo. Si los ejercicios de reducción del estrés no tienen un impacto significativo sobre sus sentimientos y deseos sexuales subsecuentes, entonces deberá buscar los servicios de un sicólogo clínico.

Medicamentos, alcohol y otras drogas

Como hemos mencionado, diferentes tipos de medicamentos pueden reducir su libido; es decir, pueden disminuir o eliminar temporalmente su deseo sexual. Algunos, como los medicamentos contra la hipertensión, incluso pueden causar impotencia temporal en el hombre. Ciertas medicinas pueden "secar" a la mujer, de manera que no se lubrique en forma apropiada, provocando que el coito sea poco placentero o doloroso. Este asunto tan complicado debe ser discutido con su médico, ya que por lo general existen otros medicamentos sin estos efectos secundarios. Aun los fármacos más inocuos pueden causar problemas en el funcionamiento sexual en forma que ni siquiera se puede sospechar. Por ejemplo, los medicamentos para la tos o antihistamínicos pueden causarle tanto sueño, que prefiera la cama para dormir y no para tener relaciones sexuales. Utilice el sentido común y lea las indicaciones en todas las medicinas, aun en las que no requieran de receta médica. Como norma, solicite al farmacéutico o a su médico que le indiquen los posibles efectos secundarios de las medicinas que le prescriba. Si los fármacos le provocan demasiada somnolencia como "para manejar maquinaria pesada", puede ser que se sienta demasiado somnoliento para la delicada maquinaria de los genitales y la libido.

En cualquier caso, si experimenta algún cambio repentino en sus deseos sexuales o en su funcionamiento sexual normal.después de tomar algún medicamento, llame inmediatamente a su médico como lo haría al ver cualquier otro efecto secundario de la medicina. Esto también es válido para cuando se "autoreceta". Si presenta *cualquier* reacción negativa debido a *cualquier* medicina, hágaselo saber a su doctor de inmediato.

Otra droga, que con frecuencia olvidamos que lo es, y que también puede reducir la libido o causar impotencia temporal es el alcohol. Los mensajes sobre el alcohol son con frecuencia muy confusos porque —por una parte— escuchamos que el tomar uno o dos vasos de vino puede relajar a la persona para que tenga deseos sexuales con más facilidad. Pero, por otro lado, "demasiado" alcohol tiene el efecto opuesto en hombres y mujeres. La palabra clave aquí es "demasiado". Tenga en mente que el alcohol, que es un tóxico, funciona como sedante. Hace más lentas las respuestas y la sensibilidad de las terminaciones nerviosas, incluyendo aquellas que se relacionan con el placer y el desempeño sexual. De tal modo, tenga cuidado y no beba demasiado, así no se privará del placer.

El cambio de papeles masculino y femenino

Aunque ya hemos discutido los principales aspectos que asume la relación sexual como consecuencia de los cambios en los papeles masculino y femenino, nos gustaría enfatizar dichos aspectos en la recámara. La cuestión es que muchos hombres aún se muestran confundidos y ansiosos en cuanto a la nueva agresividad de las mujeres, que rápidamente se ha institucionalizado en nuestra sociedad. Hemos observado que en algunos hombres y mujeres esta ansiedad puede traducirse en un decremento o incluso en un pérdida temporal de los deseos sexuales normales. Este tema lo abordamos en el capítulo anterior: "La Mujer que Trabaja y el Cambio de Papeles Sexuales". Estos cambios, en gran medida de carácter social, tienen gran impacto sobre las relaciones. Muchos hombres y mujeres que se resisten a estos cambios, culpan a su cónyuge o amante por causarles esta molestia y comportarse de manera distinta a la de la pareja con la que decidieron vivir. Estos individuos tienen que enfrentar la realidad: los cambios radicales del exterior afectan la vida en la sala y la recámara. Se deben actualizar y evaluar las viejas maneras de relacionarse, las cuales se basaron en cómo era la vida cuando crecíamos.

Cualquier tensión hombre-mujer que pueda existir en su relación tiende a tener un impacto en la recámara. El antiguo estereotipo de que el marido es quien debe procurar el sustento iba de la mano con la noción de que al hombre le corresponde la iniciativa sexual y que éste tiene el "derecho" de demandar gratificación sexual. En la actualidad, cada vez más mujeres contribuyen con los gastos de la casa. Y en la medida en que sienten que son sexualmente iguales a sus esposos, las mujeres se muestran menos inhibidas para mostrar su sexualidad y con mayor frecuencia tomarán la iniciativa. En algunos casos, su nuevo potencial multiorgásmico puede inclusive amenazar a su cónyuge con ideas muy anticuadas respecto a la sexualidad femenina.

Es comprensible que frecuentemente los hombres y las mujeres estén confundidos, puesto que en el mundo contemporáneo hay modelos de roles paternos que parecen ser inconsistentes y ciertamente, nosotros no tenemos y nunca hemos tenido modelos de roles paternos para el comportamiento sexual. Si vemos programas de televisión para buscar algún tipo de lineamiento o modelo —como muchas personas lo hacen inconscientemente—, ésta puede resultar una experiencia muy confusa. Mientras que la mayoría de las mujeres que actúan en la televisión no son tan pasivas con sus maridos como lo eran antes, la mayor parte de los esposos en esos programas no son realmente "iguales". Cuando el hombre es el agresor, en los negocios y el sexo, está reforzando el antiguo estereotipo de "macho". Cuando vemos a la mujer como agresora en los negocios o el sexo, a menudo es tachada como una mujerzuela manipuladora. Hollywood y la televisión aún no son muy justos con las mujeres en estos días.

No contamos con ninguna solución fácil a estos problemas, especialmente durante esta época de cambios. Pero debe saber que estos problemas son reales y afectan a hombres y mujeres en sus relaciones emocionales y sexuales. Al menos, intente reducir el estrés con los medios que hemos sugerido con anterioridad y hable con su pareja acerca de estas inquietudes. Si su cambio de rol o el de su pareja parecen incomodarle, discútalo abiertamente, pero no en la cama. No hay nada de que apenarse si usted desea que los roles sexuales tradicionales no cambien, pero no atribuya dichos cambios a su pareja.

Aversión a los genitales

Algunas personas muestran gran ansiedad e inclusive pueden experimentar fobia o pánico al tocar o acercar la cara a los genitales de su pareja. En otros casos, el contacto de los genitales o el coito provocan reacciones similares. En estas situaciones de temor o agresión en extremo, recomendamos consultar a un terapeuta sexual que también sea médico general o siquiatra calificado, para tratar este complejo problema con los medicamentos y la sicoterapia adecuados. La Dra. Helen Singer Kaplan es una de las pioneras en el tratamiento de este tipo de problemas y además escribió un libro llamado *Sexual Aversion, Sexual Phobias, and Panic Disorder* (Aversión Sexual, Fobias Sexuales y Molestia del Pánico). El problema es serio pero es posible tratarlo.

El abuso sexual cuando niño o adulto

Este es un problema serio del cual cada día a prendemos más. Muchas más personas de las que aparentemente teníamos conocimientos, fueron víctimas de abuso sexual cuando eran muy jóvenes. No debe sorprender que esta terrible experiencia vivida por un adolescente tenga un efecto negativo sobre su funcionamiento sexual al llegar a la vida adulta. Debido a la complicada naturaleza de este problema, es mejor que sea un sicólogo clínico quien trate a estos pacientes. Si ellos piensan que la terapia sexual, como un complemento de la sicoterapia, podría también ayudar, entonces pueden trabajar con las sugerencias de este libro o consultar a un terapeuta sexual. Al igual que con la discusión anterior, éste no es un problema para el que no haya esperanza, pero no cuente con el "tiempo" para sanar heridas tan profundas. Consiga ayuda profesional.

Imagen personal pobre

Ciertos problemas parecen consecuencia de las mujeres que actúan el "guión" que fue escrito para ellas hace muchos años. Es decir, se casan, tienen un cónyuge que las ama e hijos adorables, pero sienten que lo que han hecho de su vida no es nada especial. Al casarse y tener hijos, han adoptado la clase de rol que toda "niña buena" debe tener; no obstante no se sienten bien consigo mismas. Estas mujeres, a las que algunas personas describen como de "baja autoestima", con frecuencia son así porque su madre o su padre las humillaban cuando eran jóvenes. Las hacían sentir que en realidad no eran nadie especial y que lo mejor que podían hacer era casarse y tener familia. En algunos casos, los padres llegaban a expresar sus dudas de que ni siquiera se casaran.

Algunas veces, estas personas tienen sentimientos negativos acerca de ellas mismas, los cuales son reforzados por sus esposos, amigos, conocidos o superiores en el trabajo. Conocemos a personas con baja autoestima que crean una "profecía que se cumple" en sus interacciones diarias con otras personas. Comienzan el día sintiéndose inseguras en cuanto a ellas mismas y, en cierto modo, *fuerzan* a otras personas a que las traten como si no contaran mucho en este mundo. Deben dejar de tener estos sentimientos negativos, y no sólo porque tienden a afectar su deseo sexual, sino porque también tienen el "derecho" de sentirse bien consigo mismas. ¿Cómo pueden hacerlo?

Existen muchas maneras de pensar positivamente en uno mismo y una gran cantidad de libros que abordan el tema del pensamiento positivo. Algunos métodos son útiles para algunas personas y otros son positivos para otras. Consiga un libro sobre autoayuda que pueda funcionar para usted y, si es necesario, busque ayuda profesional para superar cualquier patrón de pensamiento negativo. Ponga en práctica algunas actividades o pasatiempos que disfrute y para los que sea hábil. Puede llegar a descubrir que tiene talento para tocar el piano, pintar o cantar en un coro. Lo más importante de todo: haga algo respecto a quien le humille. Si son conocidos, olvídelos. Si son amigos, tenga una plática sincera con ellos acerca de la situación, porque —como hemos dicho—

con amigos como éstos ¿quién necesita enemigos? Si su esposo la humilla, corra, no camine, al consejero matrimonial y lleve a su esposo con usted antes de permitir que se deteriore el aspecto positivo de su matrimonio. En otras palabras: *no se queje*, levántese y tome el control de su vida, aun si esto significa enfrentar a la persona más cercana a usted.

Aburrimiento

No nos estamos refiriendo al aburrimiento sexual, porque si aún está sexualmente aburrido, debe consultar los capítulos 4, 5 y 6. Más bien, nos referimos al fastidio o aburrimiento en general que algunas veces puede provocar falta de deseo o interés sexual. El aburrimiento también es *su* responsabilidad. La gente no hace que usted se aburra. Y ciertamente la vida no es aburrida, pero *usted* puede hacer que su vida sea aburrida. Nadie tiene por qué aburrirse. Puede disponer de un momento durante la semana, sin importar qué tan ocupado esté, para desarrollar actividades interesantes y emocionantes, aun de manera voluntaria. Mire a su alrededor, existen organizaciones políticas que pueden emplearlo u hospitales, centros de salud, museos, la policía auxiliar, el departamento de bomberos voluntarios o cualquier cosa.

En ocasiones, el aburrimiento surge cuando se tiene mucho tiempo libre. ¿Qué se puede hacer para ocupar periodos prolongados de tiempo? Piense en algún cambio importante y emocionante. Todos necesitamos plantearnos un objetivo, de manera que la vida sea un reto constante, permitiéndonos crecer y ampliar nuestros horizontes y experiencias. Esto es cierto para todas las edades, pero particularmente cuando se alcanza una edad avanzada.

Los retos y objetivos fueron "hechos" para la gente joven, ya que ellos tratan de establecerse en el mundo y tener una familia feliz y sana. Pero al alcanzar estos objetivos y sentir seguridad, se tiene tiempo para pensar en sí mismo y reflexionar sobre lo que se ha hecho en la vida. Todos debemos recordar las palabras del gran rabí Hillel: "Si yo no soy para mí mismo, ¿quién será para mí? Si sólo soy para mí mismo ¿entonces qué soy? Si no ahora, ¿cuándo?"

Necesita nuevos mundos que conquistar para revitalizar la *alegría de vivir*, que es tan necesaria para todos los adultos que desean una vida emocionalmente feliz y satisfactoria. Aunque puede ser verdad que una vida emocional y social vacía indique una mala vida sexual, también es cierto que un fuerte impulso sexual y una buena vida sexual no pueden llenar una vida vacía. Así es que, salga y haga realidad ese sueño que tanto ha postergado. Y esté seguro de que mientras mayor sea su *alegría de vivir*, sus deseos sexuales experimentarán un importante incremento. Si el aburrimiento ha contribuido a disminuir su libido, su nueva pasión por ese ideal o pasatiempo que se ha planteado como meta debe tener un efecto positivo sobre su ánimo.

Envejecimiento

Como mencionamos en el capítulo 2, uno de los grandes mitos sexuales es el que señala que hombres y mujeres pierden sus impulsos y capacidades sexuales conforme envejecen. ¡Es algo totalmente absurdo! Para algunas mujeres, los orgasmos pueden ser más intensos con el paso de los años, mientras que para otras la intensidad puede seguir siendo la misma o en algunos casos un poco menor. Pero, ciertamente, si usted experimentaba orgasmos, todavía puede ser capaz de revivir esta maravillosa sensación por sí mismo o con la ayuda de otras personas. Y si usted nunca ha experimentado un orgasmo, nunca es tarde para empezar.

Nuestra recomendación es que las mujeres mayores pongan especial atención en la lubricación, porque frecuentemente es menor con la edad. Si una mujer joven no lubrica lo suficiente cuando desea tener actividad sexual, por lo regular significa que no ha tenido la estimulación necesaria y que todavía no está preparada para el coito. Pero cuando un mujer mayor no tiene lubricación, puede significar que su fisiología simplemente no le permite contar con la lubricación suficiente. No quiere decir que su libido haya cambiado o que no tenga deseos sexuales.

El tratamiento para una lubricación escasa involucra dos cosas. Primero: incrementar la estimulación erótica e inclusive un poco de fantasía. Segundo: Utilizar un buen lubricante. Aun para la masturbación, recomendaríamos que las mujeres mayores emplearan un buen lubricante, aunque sería conveniente que lo utilizaran durante el coito para evitar cualquier dolor.

Existe un problema que en ocasiones se presenta en las mujeres mayores y que ha sido impuesto por la televisión, las películas, la publicidad y otros medios masivos de comunicación. Estos medios de comunicación ponen tanto énfasis en la juventud y en la llamada "gente bonita", que hacen que las mujeres mayores piensen que ya no son atractivas —en especial, en lo que se refiere al sexo— para su esposo o cualquier otro hombre. Pero sólo somos tan viejos o atractivos como nos sentimos. Muchas de las actividades que aquí sugerimos le harán sentirse y ser más deseable, porque la ponen en contacto con su capacidad de deseo y placer. La inactividad es un enemigo de la gente de todas las edades. Entre más activo sea y más intereses tenga, será más deseable e interesante.

No obstante, en algunas mujeres la falta de deseo sexual quizá se deba a cambios hormonales. Las mujeres que perciben un marcado decremento de la libido deben consultarlo con un médico. Si resulta que su falta de deseo es en parte o principalmente sicológica, entonces puede llevar a la práctica las diferentes actividades que hemos sugerido en este libro. Cualquiera que sea el factor hormonal de la pérdida de deseo que su médico descubra, debe tratarse, por supuesto, por personal especializado. Todo esto supone que usted tiene una relación cómoda con su médico, de manera que puede discutir libremente acerca de su pérdida de deseo sexual. Pero para muchas mujeres no es tan fácil hablar sobre este tema. ¿Qué debe hacer si usted es una de estas mujeres? Cuando consulte a su médico, no espere a que éste inicie la plática sobre el sexo, particularmente si se trata de un hombre. Aunque pueda tener alguna dificultad para hablar respecto al sexo, tenga en mente que su médico, en especial si él es del mismo origen que usted, quizá tenga los mismos problemas para discutir sobre sexo como la mayoría de la gente parece tenerlos. Muchos médicos tuvieron muy poca capacitación sobre sexualidad humana en la escuela de medicina, de manera que usted tendrá que hacer las preguntas correctas. Si su médico no puede responder satisfactoriamente a sus preguntas sobre el sexo, debe recomendarle a algún otro médico. Así es que no espere a que su médico tome la iniciativa y le pregunte sobre cualquier cambio en su impulso sexual; usted debe sacar el tema a colación en la primera oportunidad. ¡*No espere*!

Recuerde, arreglárselas con el estrés, tener una mayor orientación erótica, brindar placer a su cuerpo, excitarse y masturbarse no son sólo para la gente joven. Estos son algunos medios —junto con amor, obligación e interés— a través de los cuales podemos tener una actividad sexual más placentera y satisfactoria por el resto de nuestras vidas.

Uso de su PC

No nos referimos a su *computadora personal*. Aludimos a su *músculo pubococcígeo*, algunas veces llamado músculo "PC" o incluso músculo del "amor" por algunos escritores. Entre más firme sea la tonificación del músculo principal del área pélvica, más fácilmente una mujer evitará la tensión urinaria y otros problemas del área pélvica. Las diversas investigaciones sobre este músculo establecen que las mujeres parecen disfrutar más el sexo y ser más susceptibles de tener orgasmos cuando dicho músculo está en buenas condiciones. Pensamos que las mujeres deberían ejercitar este importante músculo tanto como ejercitan otros músculos del cuerpo para mantenerlos firmes. Ciertamente, como sucede con otros programas de acondicionamiento físico, primero debe consultar a su médico para saber si no tiene ningún problema.

Es muy fácil identificar el músculo PC (pubococcígeo). Es el músculo que utiliza para contener a voluntad el flujo de la orina. Otra manera de ubicarlo es la siguiente: recuéstese e introduzca un dedo en su vagina aproximadamente cinco centímetros, entonces contraiga los músculos del área vaginal justo como si quisiera contener el flujo de la orina; al instante sentirá cómo su músculo pubococcígeo se tensa alrededor de su dedo. Manténgalo así, con firmeza, durante algunos segundos, luego relájese. Estos dos movimientos de tensión y relajamiento son, en esencia, todo lo que tiene que hacer para fortalecer este importante músculo. Será útil cuando usted y su pareja deseen experimentar sensaciones en cierto modo distintas durante el coito. Realice este ejercicio varias veces al día durante un par de minutos en cada ocasión. Cada vez que tense el músculo, manténgalo así por cinco ó seis segundos, luego relájelo lenta y completamente. Después de algunas semanas podrá mantener la contracción durante unos diez segundos o más. No podemos prometer que la tonificación de este músculo incrementará definitivamente su susceptibilidad a experimentar orgasmos o la frecuencia o intensidad de éstos, pero al menos puede emplear esta nueva fuerza para tener una interesante variación durante el coito.

Durante el coito, cuando usted se encuentre ubicada en la parte superior de su pareja, en vez de mover el cuerpo hacia arriba y hacia abajo o hacia adelante y hacia atrás, permanezca sentada y contraiga el músculo PC como si introdujera aún más el pene en su vagina; después de algunos segundos, relaje lentamente el músculo y repita el ciclo. Esta técnica fue traída al continente por muchos hombres que estuvieron enlistados en el extranjero y la experimentaron con mujeres asiáticas, las cuales parecían haber tenido un mejor *entrenamiento* de los placeres sexuales que la mayoría de las mujeres de la cultura occidental. Usted puede incrementar el ritmo de estas contracciones hasta que el hombre eyacule; mientras lo hace, él puede estimular su clítoris con sus dedos o con un vibrador para llevarla al orgasmo.

Otro beneficio de estos ejercicios y de esta posición sexual en particular, es que si su pareja está inusualmente cansada o parece tener mayor dificultad para lograr una erección que cuando era más joven, usted puede sentarse sobre él, introducir el pene en su vagina y estimularlo con estas contracciones para que alcance la erección. Muchos hombres aseguran que esta experiencia es fantástica.

Y hablando sobre los hombres...

Tal como lo sugerimos en el caso de las mujeres, los hombres deben aprender a manejar los problemas por sí mismos antes de poder trabajar en cualquier problema o insatisfacción sexual durante el coito. De la misma manera que una mujer puede aprender a asumir la responsabilidad y alcanzar por sí misma el orgasmo antes de involucrar a alguien más en el proceso terapéutico, un hombre también debe tener mayor control, sin importar cuál sea el problema, antes de llevar sus dificultades a la cama. Sabemos que es más placentero que su pareja lo ayude en el momento en que lo necesite, asimismo entendemos que hacer estos ejercicios por usted mismo resulta muy mecánico, pero de acuerdo con la naturaleza de los problemas sexuales, es mejor que no corra el riesgo de una decepción sexual frente a otra persona. Tenga paciencia y espere hasta el siguiente capítulo.

Pero antes de que iniciemos, ¿ya siguió nuestro programa de ejercicios eróticos? Es decir, ¿ha desarrollado la técnica de tener fantasías sexuales? ¿Ha apreciado más la sensualidad de su cuerpo? ¿Ha pensado de una manera más erótica? ¿Ha eliminado o cambiado cualquier medicamento, droga o bebida alcohólica que pueda interferir con su desempeño sexual? Por favor, responda a estas preguntas *antes* de trabajar en su problema específico. Tal vez le sorprenda saber que si desarrolla estas actividades al pie de la letra, *no tendrá ningún problema sexual*. Esto es aún más verdadero para los hombres que para las mujeres, ya que estos factores parecen tener un mayor impacto en el *funcionamiento* sexual del hombre.

Eyaculación prematura

Comencemos con el problema más común: la eyaculación prematura. Como mencionamos en el capítulo 3, cualquier problema con la duración del periodo entre la incitación erótica y la eyaculación puede clasificarse en esta condición. Por lo regular, es el hombre mismo quien está insatisfecho con su incapacidad de retardar la eyaculación, pero en ocasiones sólo es su pareja quien está insatisfecha. Inclusive si el hombre desea controlar su eyaculación sólo para complacer a su pareja, las soluciones para el problema son las mismas.

Ya que el hombre usualmente debe experimentar una erección antes de la eyaculación, lograrla es el factor primordial en ese momento. La manera en que lo logre variará. Es muy importante que el hombre aprenda a controlar sus erecciones, así como sus eyaculaciones. Debe practicar los diferentes tipos de estimulación erótica de los que hemos hablado a lo largo de este libro y que le ayudarán a lograr una erección. Sin embargo, una vez que ha alcanzado la erección, *no debe continuar teniendo fantasías*. En vez de ello, debe concentrarse en las sensaciones que experimenta al acariciar su pene. Debe aprender a identificar la sensación premonitoria, ésa que experimenta en el momento previo al clímax antes de que la eyaculación sea inevitable. Algunos terapeutas lo llaman el "momento inevitable". Una vez cruzado dicho punto, es demasiado tarde para demorar la eyaculación, la cual sobreviene fuera de su control. Es sólo cuando aprende a reconocer las sensaciones que ocurren *antes* de este momento, que usted puede aprender a controlar la eyaculación.

Después de masturbarse lentamente y concentrarse en las sensaciones que preceden de manera inmediata a la eyaculación, pronto aprenderá a reconocer esa sensación premonitoria. Éste es el momento en que debe detenerse y retirar la mano de su pene. Quizá perderá en parte o por completo la firmeza de la erección. Entonces, estimúlese de nuevo y deténgase. En la tercera ocasión debe alcanzar la eyaculación. Para entonces, habrá sido capaz de detenerse en dos ocasiones y habrá aprendido a evitar la eyaculación. Debe estar orgulloso de haber aprendido a controlar su eyaculación.

Si sobreviene un chorro o goteo inicial, aunque no una eyaculación total, aun así ha llegado muy lejos. De tal manera, practique, practique y practique, hasta que no tenga duda de que es capaz de prevenir una eyaculación deteniendo la estimulación. Si realiza este ejercicio con la actitud mental adecuada —es decir que tiene una dificultad de aprendizaje y no un profundo problema sicológico o físico—, en pocas semanas aprenderá con éxito a retardar su eyaculación. Ya no tendrá que recurrir a tácticas antieróticas de desviación, como recitar el alfabeto comenzando por la "Z".

Decimos que se trata de un problema de aprendizaje, porque muchos hombres con este problema aprendieron, cuando eran más jóvenes, a masturbarse y eyacular con mucha rapidez. Es decir, se excitaban a través de fotografías o pensamientos eróticos u observando las piernas de las chicas con vestido corto, ya que a menudo carecían de la privacía o el tiempo para una masturbación prolongada, debían acudir al baño u ocultarse bajo las mantas y masturbarse tan rápido como fuera posible antes de que alguien los descubriera. Según la información que hemos recibido dichas situaciones de la adolescencia prevalecen en las fuerzas armadas, donde tienen que procurarse el orgasmo en la regadera o en sus literas tan rápido como sea posible.

Esta tendencia a eyacular rápidamente se ve forzada —según Kinsey, el gran investigador sobre cuestiones sexuales – por lo que parece ser un deseo instintivo en la mayoría de los animales macho, de penetrar a la hembra y eyacular tan pronto como sea posible, porque durante la cópula están al acecho depredadores. De ser así, adquiere un sentido relevante el hecho de que el hombre tenga que *aprender* a retardar su eyaculación, porque esto puede ir en contra de su instinto sexual. Usted puede aprender este método con la confianza de que puede detenerse cuando quiera y eyacular cuando así lo decida. Si lo intenta en repetidas ocasiones, pero no es capaz de controlar la eyaculación, especialmente si llega al orgasmo sin ninguna estimulación rítmica y repetitiva, entonces es el momento de consultar a un sicoterapeuta y contar así con una evaluación más a fondo.

Dificultades de erección

Antes que nada, consulte a un urólogo. Si este especialista deduce que los mecanismos fisiológicos no presentan ningún problema, entonces el motivo quizá sea la ansiedad. Tal vez tenga que consultar a un terapeuta sexual o un sicoterapeuta. Pero primero ponga en práctica el programa que sugerimos en este libro, porque en ocasiones la ansiedad puede tener una causa relativamente simple. El fracaso de la erección puede basarse en una experiencia previa; es decir, cuando usted no pudo tener la erección que deseaba frente a su pareja. En ese momento tal vez estaba muy cansado, bajo el efecto de alguna bebida alcohólica o medicamento, o agobiado por el pensamiento de diversos problemas. Este tipo de dificultades "circunstanciales", que por lo regular son consecuencia de la ansiedad, son muy fáciles de superar. Sólo debe estar consciente de que el órgano sexual es muy delicado, y si usted tiene la más mínima ansiedad anticipatoria de que no alcanzará una erección, probablemente no lo logre. Debe reducir su ansiedad mediante los ejercicios que hemos recomendado en este libro —fantasías, pensamientos eróticos, reducción de estrés, entre otros.

Si su dificultad de erección es crónica, y se presenta no sólo con una pareja, sino en ocasiones específicas, entonces deberá trabajar más para investigar la fuente del problema. En todos los casos, primero lleve a cabo un autoanálisis. Realice una caminata por el parque y trate de imaginarse las cosas que han sucedido y cuándo sucedieron. ¿Cuándo comenzaron a presentarse dichas dificultades? ¿Puede lograr una erección si se masturba? ¿Tiene erecciones matutinas? ¿Alcanza erecciones con algunas parejas pero no con otras? Cuando realice esta caminata por el parque para pensar acerca de las circunstancias personales de sus dificultades de erección, es importante que clasifique dichas circunstancias claramente. Existen tres posibilidades principales en las que yace el problema:

- ✔ *El problema comenzó con su actual pareja y se limita a ésta.*
- ✔ *El problema de erección parece extenderse a las parejas en general, pero puede masturbarse para alcanzar el orgasmo.*
- ✔ *El problema no parece relacionarse con las parejas, porque usted no puede presentar una erección aun si se masturba.*

Si advierte que su dificultad de erección se relaciona con su cónyuge o amante actual, entonces sabrá que ha llevado a la recámara los problemas de su relación. Tal vez subconscientemente se encuentra molesto con su pareja y quiere restringir su deseo, su amor y su pene. En cualquier caso, la terapia sexual quizá no sea de utilidad para tratar este problema. Primero deben conciliarse y llamar a un consejero matrimonial o de parejas. En los casos en los que el problema es el pene, se debe consultar a un terapeuta o a un urólogo; si el problema es el corazón o la cabeza, consulte a un sicoterapeuta.

Ahora, si usted puede masturbarse para alcanzar el orgasmo, pero no puede obtener o mantener una erección con una pareja, entonces el problema no es de naturaleza orgánica o fisiológica. Algún factor interpersonal u otro más arraigado es la causa de su problemática; debe buscar la ayuda de un sicoterapeuta o un terapeuta sexual calificado para tratar problemas emocionales. Como hemos dicho antes, la terapia sexual tiene sus límites y los terapeutas sexuales deben conocerlos para ser más eficaces. Si acude a un terapeuta sexual y tiene un problema cuya solución no llegará mediante simples ejercicios, aprendizaje o educación sexual, entonces asegúrese de que el terapeuta sexual sea un especialista calificado para tratar sus problemas emocionales o físicos. Por lo regular, su médico general podrá explicarle qué tipo de capacitación y reconocimiento requiere una persona para tratar su problema.

En ocasiones, si presenta una disfunción sexual *y* un problema marital, puede superar ambos a la vez con la ayuda de un consejero matrimonial y un terapeuta sexual trabajando en combinación. También existen terapeutas sexuales calificados para la consejería matrimonial. Asegúrese de que cuente con buena capacitación y amplias referencias; un excelente inicio es solicitar la recomendación de su médico.

El tercer tipo de dificultad de erección que puede experimentar un hombre, puede ser el más intimidante de todos. Aquí el hombre no puede obtener una erección en absoluto. Tal vez haya realizado y obtenido fracasos con la "prueba de las estampillas" que planteamos en la capítulo 3 (pegando en la noche una tira de estampillas alrededor de su pene; si presenta alguna erección a lo largo de su sueño, la tira de estampillas se romperá). Entonces, aun en sus sueños su libido o interés sexual parece ser nulo. ¿Qué puede hacer si sabe que el problema no es provocado por medicamentos, enfermedades o cualquier problema físico que el urólogo haya descubierto? Bueno, hay muchas cosas que puede hacer. Antes que nada, le sugeriríamos que leyera una vez más este libro y trabajara en la *creación del interés*. Recuerde, usted puede generar su interés por el sexo —no todo es hormonas y química corporal—. El interés sexual se halla principalmente en su cabeza, de manera que utilícela y enfóquese más en el sexo mediante la fantasía, la lectura de textos eróticos, las películas eróticas y demás. Dirija su vida sexual en la dirección que usted desea, centrándose en los roles y situaciones sexuales que siempre le dieron la mayor estimulación y satisfacción.

También hay algo que puede hacer a nivel físico. Varias veces al día —pero, por favor, no lo haga en público— acaricie su pene y testículos mientras emprende sus fantasías y recuerdos eróticos favoritos. En otras ocasiones acaricie su pene para experimentar la sensación física sin tener fantasías, así puede concentrarse en incrementar las sensaciones. Sea imaginativo. En los momentos y lugares apropiados, lubrique su pene con diferentes aceites, cremas y lubricantes tipo gel. Haga que su amante o amantes de su fantasía den un nombre a su pene y lo acaricien con amor mientras usted toma un baño de tina. Sea amable con él y ámelo tanto como debe amarse a usted mismo. No sea tímido, déjese llevar y disfrute el placer; usted lo merece. Pero recuerde, esto no es algo que pueda cambiar en uno o dos días. Sea paciente y continúe practicando cualquier cosa que le dé resultado. Lentamente, logrará pequeños avances hasta el punto en que sea capaz de tener una erección.

Otros hombres que sí tienen erecciones se preocupan porque éstas no son tan firmes como una vez lo fueron. Esto puede ser consecuencia de una menor respuesta a la estimulación física, la edad o un contexto erótico más débil. ¿Qué puede hacer? Considere la situación de la manera en que muchos profesionistas lo hacen con su capacitación profesional. Necesitan continua educación profesional para asegurarse de que sus conocimientos y técnicas estén actualizados. No es menos verdadero en lo que a su pene respecta. Debe mantener el aprendizaje conforme transcurre el tiempo, porque lo que podía excitarlo a niveles fantásticos cuando era más joven, quizá no sea apropiado en esta etapa de su vida. Por ello la fantasía es una ayuda muy útil para la satisfacción sexual. En la privacía de su mente, usted debe experimentar ideas, situaciones y parejas imaginarias que quizá restablezcan la antigua vitalidad de ese pene semierecto. Debe enseñarle a su pene a excitarse de nuevo, mediante sus fantasías y otras técnicas que se incluyen en este libro. También necesitará tener conciencia una vez más de esas sensaciones asociadas con su erección en aumento mientras que practica la creación del interés sexual. Desarrolle esta actitud con regularidad, y sea tan constante como lo sería con un programa de acondicionamiento físico o un régimen dietético. Por supuesto, mejorar su condición general de salud también puede contribuir a su vitalidad sexual.

Otro problema que se presenta en ocasiones, es la insatisfacción que se genera con la incapacidad para mantener una erección. Si un hombre pierde su erección durante el coito o el sexo oral tal vez sea como consecuencia de algún fuerte pensamiento negativo. En otros casos, quizá se deba a la edad avanzada del hombre y su preocupación por el esfuerzo físico de la actividad sexual en la posición misionera (el hombre sobre la mujer). El esfuerzo físico puede afectar el placer que está recibiendo. Esto es particularmente cierto en el caso de los hombres que pierden la condición física conforme pasan los años. En algunos casos, la pérdida de erección puede deberse al temor al esfuerzo físico cuando se sufre algún mal cardiaco o asma agudo. En estos casos definitivamente es necesario consultar a un médico.

Pero cuando la pérdida de erección parece ser consecuencia de algún pensamiento negativo o ansiedad, entonces retroceda y practique los ejercicios de reducción de estrés y creación de la imagen erótica que mencionamos en capítulos anteriores. Si sencillamente está perdiendo su condición física, *haga algo al respecto y no se queje.* Mientras que desarrolla los ejercicios, habiendo consultado a un médico, intente nuevas posiciones con su pareja, y que requieran un menor esfuerzo físico de su parte. Deje que su pareja se encuentre sobre usted. Ella lo disfrutará al igual que usted. Con esa posición, practique e incremente la intensidad de sus fantasías más exitosas para ayudarse un poco. Encontrarse en una posición pasiva, con alguien haciéndole el amor, también puede ayudarle a erradicar cualquier posible duda o pensamiento negativo acerca de usted. Si su pareja ha practicado los ejercicios del músculo del amor, ella puede emplear este músculo para estimular su pene si éste comienza a ablandarse. ¡Es fantástico! Tampoco olvide que la mayoría de los hombres, conforme avanza su edad, necesitan mayor estimulación física tanto para obtener como para mantener una erección. La erección sicógena que podían alcanzar cuando eran adolescentes con sólo tomar la mano de una chica, no es factible que ocurra cuando llegan a una edad avanzada. Es importante que le comunique esto a su pareja, de manera que ella no lo interprete como una pérdida de interés a su persona o como que es menos atractiva.

Eyaculación retardada

Algunos hombres no presentan ningún problema con las erecciones y son capaces de eyacular ya sea con una pareja o mediante la masturbación, pero les lleva mucho más tiempo del que desean. Es decir les toma tanto tiempo para poder eyacular, que se cansan o empiezan a perder el interés en su actividad sexual. No pueden eyacular en un periodo razonable de tiempo y comienzan a sentir que tienen que "trabajar" en ello. El sexo, entonces, se convierte en una experiencia frustrante.

En muchos aspectos, este problema es análogo al orgasmo retardado en las mujeres, del cual hemos hablado al inicio de este capítulo. También se aplican a los hombres las sugerencias que hicimos a las mujeres, en el sentido de variar las condiciones y fantasías sexuales hasta encontrar la combinación adecuada. Pruebe, por ejemplo, el sexo oral, el masaje, la masturbación frente a su pareja mientras ella también se masturba, los vibradores y otras cosas útiles para su propósito. Algunas parejas encuentran muy útil el uso de las videocaseteras para ver películas eróticas. Y en especial, a los hombres les recomendamos que varíen las posiciones sexuales durante el coito hasta encontrar la que le brinda el máximo de estimulación al pene. Los cambios de posición son menos importantes para la mujer, porque el coito por lo general brinda más estimulación al pene que al clítoris. Los hombres somnolientos o cansados manifiestan un notable decremento en la sensibilidad. De manera que asegúrese de contar con toda su energía y estar bien descansado antes de la actividad sexual; notará la diferencia. ¡Y asegúrese de no beber o comer mucho antes de tener relaciones sexuales! Si el problema persiste, debe consultar a un sicoterapeuta para saber la razón por la que, subconscientemente, se muestra tan renuente a eyacular.

Falta de deseo

Esto es sencillo. Todas las soluciones que para este problema sugerimos a las mujeres al principio de este capítulo, se aplican también a los hombres, aunque algunas veces de manera ligeramente distinta. Lea otra vez desde el principio este capítulo. Ponga en práctica nuestras sugerencias y aprenda a incrementar su deseo mediante práctica, práctica y más práctica.

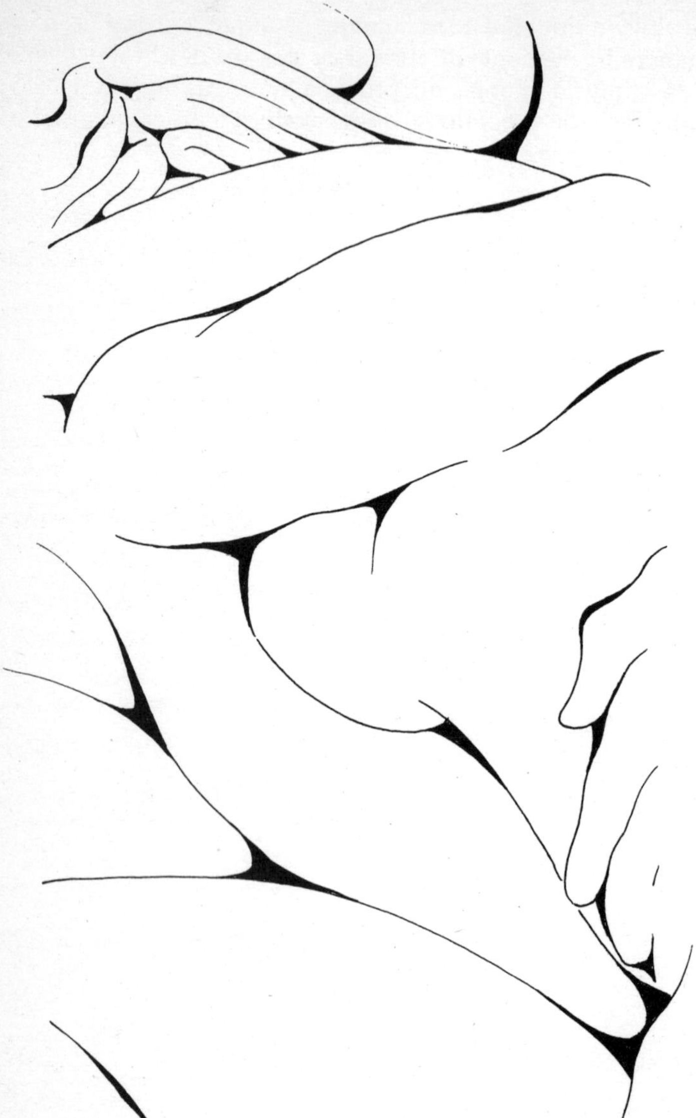

❤ *CAPÍTULO* ❤
9

Lo que usted y su pareja pueden hacer...

Ahora que ha desarrollado sus habilidades eróticas e intentado trabajar por usted mismo en sus problemas, quizá se muestre insatisfecho con los resultados que ha obtenido a nivel individual. Tal vez piensa que podría lograr mucho más si intentara solucionar las cosas con una pareja. O quizá no sea una de esas personas afortunadas que no presentan problemas o deficiencias sexuales, pero que quieren ayudar a su pareja. En cualquier caso, este capítulo está dedicado a aquellas personas que tienen la clase de problemas sexuales sobre los cuales se puede trabajar mejor con un acompañante. Los principales problemas que abordaremos en este capítulo serán las dificultades orgásmicas y el coito doloroso en las mujeres. Para los hombres, sugeriremos algunas opciones en que su pareja les puede ayudar a superar los problemas de eyaculación prematura y las dificultades de erección.

Es preciso enfatizar una vez más que no se pueden practicar directamente estos ejercicios que conforman el final del proceso con la esperanza de tener un éxito instantáneo; antes debe haber puesto en práctica las diferentes etapas y sugerencias que se incluyen en los capítulos anteriores. Cambiar la respuesta sexual no es un proceso rápido. El tiempo, la paciencia y una pareja amorosa, son los complementos más efectivos para las fantasías eróticas y las habilidades de relajamiento a que nos referimos en los primeros capítulos.

Dificultades de la respuesta orgásmica

Aunque para algunos lectores puede resultar sorprendente, tenemos muy poco que decir en cuanto a la ayuda del hombre para que la mujer alcance el orgasmo. Esto se debe a la antigua idea ilógica que es responsabilidad de un hombre llevar a la mujer al orgasmo; y que si ella no lo experimenta, es por culpa del hombre. Hoy en día, las mujeres son mucho más conocedoras y sofisticadas para aceptar las viejas definiciones victorianas de su sexualidad. Las mujeres pueden incrementar por sí mismas su capacidad de respuesta orgásmica después de practicar los ejercicios eróticos y de relajamiento que sugerimos en capítulos anteriores. Está bien si desean practicarlos con una pareja, siempre que él no muestre una actitud que provoque preocupación o estrés a una mujer con dificultades orgásmicas.

Tal vez lo que un hombre puede hacer para ayudar a una mujer que presenta dificultades orgásmicas, es asegurarse de no ser una presión para ella preguntándole: "¿estás teniendo un orgasmo?". "¿cuánto más crees que tarde?", o cualquier otra cosa que ella pueda percibir no como una preocupación, sino como una presión.

Algunas mujeres prefieren desarrollar su respuesta orgásmica en compañía de la persona que aman. Pueden tener una mayor sensibilidad sexual al estar con su amante, pues al estar solas quizá se muestren más inhibidas como consecuencia del condicionamiento al que han estado sometidas. Si eso es lo que desean hacer, ¡Está bien! Los métodos de autoincitación erótica y autoestimulación que mencionamos en el último capítulo pueden practicarse en pareja.

Esperamos sinceramente que las técnicas de relajamiento y estimulación erótica, el uso de vibradores y otros temas de que hemos hablado, hayan sido de utilidad para que muchas personas sean capaces de experimentar un orgasmo por sí mismas. Pero algunas mujeres requieren más trabajo, en especial quienes desean tener esta experiencia sólo con su amante. Aun las mujeres que pueden alcanzar un orgasmo por sí mismas pueden ser incapaces de experimentar un orgasmo mientras su pareja las estimula o durante el coito. Por favor, no piense que los orgasmos durante el coito son "mejores" o "más normales" que otros tipos de estimulación. Todos son iguales; sólo que la estética puede ser diferente

Ejercicios de la etapa uno: Tocar

¿Qué debe hacer la pareja? Primero, asegurarse de que el lugar sea privado, atractivo, cómodo y cálido. Es muy difícil excitarse cuando se tiene frío —inclusive más difícil para los hombres—. Relájense y dispongan el lugar tan romántico como les sea posible. La sesión debe iniciarse con muchos besos y caricias simples. El hombre debe recordar que el objetivo de estas sesiones *no* es llevar a la mujer al orgasmo, sino crear un conjunto de condiciones que se repetirán e intensificarán en sesiones futuras. Él no debe considerar esto como un "preludio amoroso", porque entonces esperará llevar estas sesiones a una respuesta orgásmica. Por lo tanto, en estas primeras sesiones no deben ir más allá de los simples besos, caricias y contacto suave en todas esas áreas de sensibilidad erótica que descubrieron durante los ejercicios de "exploración corporal" señalados en este libro. Este contacto no debe involucrar directamente el clítoris, el pene o los pezones.

Estos ejercicios sensuales, mas no sexuales, se denominan *Enfoque Sensual*, discutido por la reconocida terapeuta y educadora sexual Helen Singer Kaplan. La especialista sugiere que en estos ejercicios, la pareja debe acariciarse mutuamente sin tocarse los genitales. Después de algunas sesiones, la mujer y el hombre tenderán a crear la confianza sicológica de que una actividad sensual intensa no implica que él trate de tocar inmediatamente el clítoris de la mujer y busque la respuesta orgásmica, o que su pene en seguida presente una erección y tengan actividad sexual. Durante estas sesiones no sólo es importante acariciar el cuerpo, sino también disponer un ambiente romántico para las futuras sesiones. Después de estas primeras sesiones, la pareja debe hacer uso de los instrumentos para estimulación sexual, incluyendo la fantasía, la imaginación erótica, los aromas agradables y demás. Pero la pareja debe tener control sobre sí misma para asegurarse de *no* tocar los genitales o aun los pezones durante varias sesiones. ¿Cuántas sesiones? Eso lo deben saber por sí solos. Al inicio, intenten llevar a cabo estas sesiones un par de veces por semana durante dos o tres semanas. Después, ambos deben conversar para saber si existen dudas y así pasar a la siguiente etapa. Prosigan cuando ambos estén convencidos; pero repetimos, contrólense a sí mismos y esperen al día siguiente.

Lo importante al desarrollar estas habilidades —la cuestión clave es *control sobre sí mismo*—. Se deben conocer estas técnicas y tener la confianza para controlar la propia vida sexual antes de estar en posibilidades de tener relaciones sexuales felices. No confunda el control sobre sí mismo con la incapacidad para evitar las emociones y los sentimientos cuando se hacen latentes. Creemos que el autocontrol es una fuerza activa en nuestras vidas, en oposición con el comportamiento pasivo que tantas mujeres (y hombres) piensan que es el correcto. En cierta forma, puede considerar lo que nosotros llamamos autocontrol como el precursor y más tarde el patrón de autoagresividad. Este autocontrol es también una ayuda para crear confianza en su pareja, un prerequisito para dejarse llevar durante la respuesta orgásmica.

Ejercicios de la segunda etapa: Exploración

A la siguiente etapa de sesiones la llamamos *exploratoria.* Es decir, deseamos que no vayan más allá de explorar los genitales de su pareja. Véalos, tóquelos, pruébelos e inclusive huélalos. El hombre puede explorar los pliegues de la vagina de su pareja, la belleza del clítoris y las zonas que rodean sus genitales; la mujer puede explorar la belleza del pene, los testículos y otras partes del cuerpo de su cónyuge. No debe intentar estimular a su pareja durante estas sesiones; hágala sentirse cómoda al explorar sus genitales; considérelos como una parte natural y agradable del cuerpo. Antes de pasar a la segunda etapa de sesiones, repasen la primera; es decir, tóquense, acarícense y bésense, sin tener contacto con los genitales.

Antes de proseguir con la exploración de los genitales de su pareja, regresarán a ese lugar romántico y seguro para recrear durante un periodo razonable de tiempo (pero no demasiados minutos), esas exitosas y placenteras sesiones en que no había contacto con los genitales. Esta no es una exploración clínica, y la "exploración corporal" de las partes más eróticas ya debe conocerse en este punto. Esta exploración es una experiencia de aprendizaje, de interacción con su pareja, que le permitirá conocer el lado más estimulante en este tipo de situaciones. Descubrirá que lo que le estimula al satisfacerse usted mismo, tal vez le resulte desagradable cuando su pareja lo intente. Durante estas sesiones, cada uno debe decirse en qué parte del cuerpo le gustaría ser explorado e indicar dónde colocar el dedo, la mano o la lengua. No suponga que su pareja lee la mente. Por ejemplo, un hombre puede desear que su pareja le toque el ano, mientras que ésta puede suponer erróneamente que él lo encontrará desagradable. Quizá le sorprenderá la frecuencia con que encontramos, aun después de muchos años de una relación sexual, que una pareja en realidad no conoce mutuamente sus preferencias y aversiones. En ocasiones, las personas ni siquiera conocen sus cuerpos, porque nunca los han explorado en detalle o permitido a su pareja que lo haga de la manera sistemática y pausada que hemos sugerido.

Puede suceder que en el curso de la exploración del cuerpo de su pareja, usted o incluso ambos experimenten orgasmos. Esto es positivo siempre y cuando no haya sido la intención de uno de los dos estimular a su pareja para que alcanzara un orgasmo. Es importante que ambos sepan que el orgasmo debe ocurrir cuando estén preparados para éste; es decir, al tener control sobre sus propios efectos sexuales.

Ejercicios de la tercera etapa: Estimulación

Cuando ambos desean proseguir para alcanzar un orgasmo juntos, pueden comenzar el conjunto final de ejercicios. De nuevo, éstos deben basarse en las exitosas sensaciones y la confianza generada en las dos primeras etapas. Durante algunas sesiones *—ya sea que uno o ambos experimenten el orgasmo durante una sesión—* deben comenzar con besos, caricias y un contacto no genital, seguidos de un periodo de placentera exploración. Sólo *entonces* se debe introducir el nuevo elemento de estimulación sexual deliberada. Ahora, la pareja temporalmente debe enfocarse en la persona que presente el problema para alcanzar el orgasmo.

Supongamos que la persona con problemas es la mujer (puesto que estadísticamente el sexo femenino es el más propenso a sufrir este problema); entonces el hombre debe concentrarse en usar sus dedos y/o su lengua con los movimientos y presiones que sabe son más efectivos para estimular a su pareja. Como una norma, sugeriríamos que en esta etapa el hombre no trate de llevar a la mujer al clímax con su pene. Para la mayoría de las mujeres, ésta es la manera menos efectiva de estimular el clítoris y, como consecuencia, el fracaso para alcanzar el orgasmo puede reforzar sus dudas acerca de ser por completo incapaces de llegar al orgasmo.

En vez de ello, primero asegure la obtención de ciertas metas con los métodos más fáciles como la estimulación manual u oral, o aun con un vibrador. En este caso, el hombre debe utilizar el vibrador en la mujer; si ella emplea uno, trate de que no se convierta en un acto individual, ¡participe! Después, de un modo amoroso y paciente, el hombre debe ayudar a la mujer a excitarse hasta alcanzar el orgasmo. Sin embargo, si en cualquier momento la mujer siente que está perdiendo interés o que la sensación placentera se ha tornado desagradable, ella debe comunicárselo a su pareja y posponer la búsqueda del orgasmo durante esa sesión. No sería sicológicamente prudente que ella trabajara en contra de lo que su cuerpo siente y entonces fracasar.

Ambos miembros de la pareja deben ser muy pacientes durante este proceso, porque en ocasiones se requiere mucho tiempo para que una mujer incapaz de experimentar un orgasmo pueda hacerlo de esta manera. La pareja no debe mostrarse tan desalentada o ansiosa, que olvide recrear durante este periodo los éxitos obtenidos en las sesiones anteriores. Deben utilizar el contacto y la exploración para crear un ambiente erótico, así como para continuar la educación del cuerpo y la mente en relación con la capacidad de respuesta sexual. De tal manera, si la primera sesión no ofrece resultados positivos, inténtelo otra vez y sigan desarrollando esas sensibilidades y habilidades. Si después de algunas semanas la mujer no logra experimentar un orgasmo, pero encuentra progreso en el incremento del deseo o la sensibilidad, sean pacientes y continúen. Si, por otro lado, ella siente que no hay progreso o que inclusive podría estar en retroceso, entonces es el momento de que sea evaluada por un terapeuta sexual para saber si existe algún problema del cual ella no esté consciente.

Ausencia del orgasmo durante el coito

Existen mujeres que tal vez no han tenido ninguna dificultad para alcanzar el orgasmo por sí mismas o con la ayuda de su pareja a través de la excitación manual u oral. Inclusive puede haber mujeres que anteriormente no podían alcanzar un orgasmo, pero que ahora sí pueden hacerlo después de poner en práctica nuestros programas y consejos. En cualquiera de los casos, estas mujeres quizá deseen tener un orgasmo durante el coito. Asimismo, es necesario, para cualquier tipo de mujer, realizar los ejercicios que acabamos de describir para asegurarse de que un orgasmo sin penetración se logre con facilidad. En este punto, la pareja puede comenzar un nuevo conjunto de sesiones que introducirán un nuevo elemento: intentar alcanzar un orgasmo durante el coito.

Permítanos enfatizar el hecho de que algunas mujeres nunca serán capaces de alcanzar un orgasmo mediante la acción del pene. ¿Qué sucede entonces? Esto no significa que existe un problema con alguno de los miembros de la pareja, con su amor mutuo o su habilidad sexual. Es simplemente que la anatomía de uno u otro o de ambos no se presta a la clase específica de estimulación que la mujer requiere para experimentar un orgasmo sin alguna ayuda adicional, como los dedos, un vibrador o cualquier otra cosa. Le enseñaremos cómo alcanzar un orgasmo durante el coito, pero no piense que un orgasmo durante la penetración o los orgasmos simultáneos son como un espectáculo de juegos pirotécnicos y fanfarrias. Lo más importante es que la pareja sea capaz de darse placer y complacerse mutuamente de la manera más amorosa.

¿Cómo se aprende a transferir la capacidad de alcanzar un orgasmo fuera del coito a uno durante el coito? Antes que nada, es crucial que preceda a este hecho cualquier coito con etapas de *contacto, exploración* y *estimulación*. Esto es para tener en mente los logros previos y el control que ha tenido sobre su capacidad de respuesta sexual. Sin embargo, en esta ocasión, la pareja de la mujer no debe estimularla hasta el orgasmo, sino a un punto cercano a éste. Es necesario que la mujer le señale a su compañero cuándo ha alcanzado este punto, una sensación conocida que habrá experimentado en todas las situaciones previas en que ha logrado un orgasmo por sí misma o con una pareja. En este momento especial, el hombre debe insertar su pene en su esposa o amante, asegurándose de que haya la lubricación suficiente para prevenir cualquier dolor o molestia durante la penetración.

¿Qué posición deben adoptar? Muchas mujeres encuentran que el orgasmo durante el coito es más fácil alcanzarlo cuando el hombre penetra por detrás —no por el ano, sino por la vagina—. Esto es más fácil si la mujer se inclina sobre la cama mientras el hombre se coloca detrás de ella. Después de penetrarla, alguno de los dos puede alcanzar el clítoris para estimularlo, ya que en esta posición éste es fácilmente accesible. Los movimientos y el ritmo de la estimulación del clítoris pueden sincronizarse con facilidad con los movimientos del pene. Esto incrementará la estimulación sicológica de algunas mujeres, que quizá asociarán los movimientos del coito con la más placentera estimulación del clítoris. Asimismo, alguno de los dos puede estimular el clítoris mientras que los movimientos del pene son pocos o nulos, hasta que la mujer esté a punto de alcanzar el orgasmo.

Después de algunas sesiones de copulación en las que la mujer alcanza el orgasmo mediante la estimulación manual del clítoris mientras que el pene entra y sale de su vagina, la pareja puede intentar una variante: la estimulación manual del clítoris se interrumpe un instante antes de que ella experimente el orgasmo, para permitir que la estimulación del pene sea la que provoque el orgasmo. Para algunas mujeres este experimento dará excelentes resultados, mientras que otras aún necesitarán ayuda manual. Una vez más, esta situación se debe exclusivamente a las diferencias en las estructuras anatómicas y no debe tener consecuencia alguna.

Si usted es una de esas mujeres que pueden alcanzar el orgasmo mediante el movimiento del pene uno o dos segundos después de haber interrumpido la estimulación manual, entonces tal vez pueda evitar la demora para experimentar sesiones sexuales exitosas y tal vez un día encuentre que no necesita estimulación manual durante el coito. No obstante, si usted es una de aquellas mujeres que necesitan un poco de ayuda, relájese y disfrute el momento. Incorpore a sus sesiones sexuales este tipo de estimulación con la seguridad de que puede experimentar un orgasmo cuando así lo desee.

Muchas parejas desean un variación de posiciones y ciertamente no existe límite excepto para su imaginación. Es decir, cualquier posición en la que el hombre o la mujer sea capaz de alcanzar el clítoris y estimularlo con facilidad durante el coito, puede utilizarse en cuanto que sea placentero para ambos; la pareja también puede intentar la misma *transferencia* de la estimulación manual a la del pene para provocar el orgasmo. Helen Singer Kaplan ha llamado a este proceso de transferencia *el puente.* No sólo constituye un puente entre la autoestimulación erótica y el orgasmo durante el coito, sino que también contribuye a estrechar los vínculos entre las dos personas.

Paradójicamente, la posición más común, la llamada posición misionera: el hombre sobre la mujer, a menudo es la que menos contribuye a que la mujer alcance el orgasmo durante el coito. Esto no se debe únicamente al hecho de que el clítoris recibe poca estimulación del pene, sino también porque es más difícil que él o ella lo estimulen de manera manual. Por tanto, debido principalmente a las diferencias anatómicas, muchas mujeres no serán capaces dc alcanzar un orgasmo sólo por el movimiento del pene. Los orgasmos provocados por la acción del pene, en la posición misionera no son más satisfactorios, placenteros o naturales. Si una mujer desea pensar que sí lo son, puede percibir que son mejores, pero los orgasmos en esa posición deben considerarse como una alternativa y no como el único medio para lograr una relación sexual satisfactoria.

La mayoría de las mujeres quizá prefieran otra posición que les ayude a alcanzar un orgasmo mientras que el pene está en el interior de la vagina. En esta posición, la mujer se sienta sobre el hombre (de frente) con sus rodillas sobre la cama o el piso para tener un control mayor sobre los movimientos. Ambos pueden estimular fácilmente el clítoris mientras se mueven hacia arriba y hacia abajo con el pene en el interior de la vagina; o bien, pueden estimularlo frotando la pelvis hacia adelante y hacia atrás. Mientras que el pene está en el interior de la vagina, este movimiento es muy estimulante para ambos. Por supuesto, la mujer tiene el control total en esta posición, y el hombre por lo regular se recuesta pasivamente. Esto puede molestar o excitar a algunos individuos, pero es muy útil cuando el hombre está cansado y la mujer tiene un fuerte deseo sexual.

Sin importar la posición que la pareja utilice, serán de mucha utilidad para la mujer esas fantasías que tanto éxito tuvieron en su pasado, cuando las empleaba para alcanzar por sí misma un orgasmo. No existe nada de negativo en que una mujer (o un hombre) tenga una fantasía durante el coito para ayudar a incrementar la excitación sexual.

Asumir una posición "pasiva" es una técnica que podría ser de gran utilidad para que la mujer experimente el orgasmo durante el coito sin ayuda de la estimulación manual. Durante una sesión sexual, ella no debe moverse en absoluto mientras el pene se encuentra en la vagina; en su lugar, la mujer debe provocarse el orgasmo con un vibrador pequeño (como el que describimos en el capítulo 5).Debido a que para muchas mujeres la estimulación del vibrador es mucho más intensa que la manual, les es más fácil asociar el orgasmo con la sensación del pene en su vagina y pueden prescindir del vibrador en unas cuantas sesiones, teniendo sólo la acción del pene para llegar al clímax. Inténtelo, le puede funcionar a usted. Si no, ¡aun así será divertido! Y nunca olvide que el sexo *debe* ser divertido y no algo sobre lo que se tenga que trabajar. De manera que, junto con estos ejercicios, trate de introducir la delicadeza y la diversión, así como el amor y la paciencia.

Más allá del orgasmo

¿Qué queremos decir con "más allá del orgasmo"? Por algún motivo, hay mujeres que pueden tener varios orgasmos; es decir, reconocen algunas sensaciones diferentes y placenteras seguidas por un periodo de relajamiento. No obstante, se preguntan si de verdad están experimentando el orgasmo. El sentido de "orgasmo perdido" se debe tal vez a una expectativa irreal que algunas mujeres desarrollan como consecuencia de la dramática presentación de las respuestas orgásmicas en los medios masivos de comunicación. Parece que el cielo y la tierra se transforman para las mujeres que aparecen en la televisión y las películas, surgiendo algún tipo de respuesta orgásmica fabulosa e irresistible. Una mujer que cree en lo que ve o lee en los medios masivos de comunicación quizá tenga orgasmos, pero no los registra como la clase de respuestas placenteras que *piensa* que debería tener. A las mujeres que experimentan orgasmos pero que sienten que no tienen la "fuerza" o "intensidad" suficiente, les señalamos que su percepción de la respuesta orgásmica es lo que puede hacer que disfruten dicha experiencia aún más.

Es usted quien debe cambiar, más que intentar transformar de alguna manera la naturaleza sicológica del orgasmo. ¿Cómo puede hacerlo? Repitiendo y familiarizándose con el tipo de ejercicios y técnicas de sensibilidad que mencionamos en capítulos anteriores. Si ahora es capaz de lograr orgasmos, no significa que ha concluido su capacitación en técnicas sexuales. Ha alcanzado un maravilloso nivel de satisfacción sexual, pero ahora debe incorporar sus nuevos conocimientos y técnicas par incrementar la conciencia y el placer de su respuesta orgásmica. Recuerde: ¡practique!,¡practique!, ¡practique! Disfrute al máximo su actividad sexual, pero, con el objetivo de alcanzar siempre únicamente el orgasmo. Repita y familiarícese con las sugerencias de este libro, así su actividad sexual será tan placentera como sea posible. Si así lo desea, puede convertirse en un virtuoso de sus respuestas sexuales.

Coito doloroso

Una vez más, si usted como mujer presenta cualquier dolor durante el coito, consulte a un ginecólogo. Los hombres, quienes rara vez presentan dolor relacionado con el coito, deben consultar a un médico general o un urólogo en cuanto experimenten cualquier molestia o dolor misterioso.

Si su ginecólogo le asegura que no existe ningún problema físico, entonces usted y su pareja pueden intentar llevar a la práctica nuestras recomendaciones así como cualquier otro ejercicio que el médico sugiera. Si tiene la impresión —y su médico está de acuerdo con usted— de que el dolor tiene un origen sicogenético, es decir, que aún no es capaz de relajarse lo suficiente, entonces tome en cuenta algunas de las recomendaciones que al respecto hemos hecho en este libro.

Si usted no posee ningún problema físico, es totalmente capaz de relajarse, está muy deseosa de que su pareja penetre, presenta buena lubricación, no tiene problemas sicológicos que la inhiban, pero al realizar el acto sexual usted o su pareja experimentan molestia o dolor una causa posible es la diferencia anatómica: quizá su pareja está "muy bien dotada" y el pene penetra con cierta dificultad en la vagina. En otras palabras, el pene puede ser un poco largo o grueso, por lo que la mujer no lo acepta con comodidad. ¿Qué hará, si piensa que éste es su problema?

Lo más razonable es intentar posiciones distintas, hasta encontrar una que sea cómoda para los dos. En ocasiones, la solución es simple: la mujer se acomoda sobre el hombre como si montara a caballo (albardón, no montura vaquera). En esta posición muchas mujeres son capaces de controlar la profundidad de la penetración, sentándose sobre el pene sólo hasta un punto cómodo. Para otras parejas, la posición en la que el hombre penetra a la mujer por atrás (no por el ano, sino por la vagina), es muy cómoda, ya que los glúteos de la mujer actúan como un cojín para prevenir una penetración profunda.

¿Qué otras posiciones se pueden utilizar? Cuando la mujer prefiere que el hombre esté sobre ella, ésta puede controlar en cierto modo la profundidad de la penetración rodeando con las piernas a su pareja. Como muchas de ustedes saben por experiencia personal, entre más acerca una mujer sus rodillas a su pecho o su cadera durante el coito, es más fácil que el pene penetre profundamente en la vagina. Por lo tanto, una mujer que presenta dolor o molestia debido al tamaño del pene de su pareja, tal vez desee doblar sus rodillas en el ángulo que elimine la presión y el dolor. Para muchas parejas, el uso de un cojín bajo la cadera de la mujer puede ser más confortable: para otras, un cojín bajo el hombre cuando la mujer está sobre él, puede darle a ella el máximo control sobre la profundidad de la penetración.

Si estas sugerencias no funcionan, podría intentar el uso de una rosca gruesa hecha de un material similar a la esponja, la cual se coloca alrededor del pene y actúa como un cojín. Recuerde, todas estas sugerencias son sólo para cuando existe dolor o molestia a consecuencia de las diferencias anatómicas. Asegúrese de que un ginecólogo compruebe que no padece ningún problema físico.

Vaginismo

Para agunas mujeres, el dolor que experimentan puede ser consecuencia de algo un poco más complicado y resistente al cambio: el vaginismo. Como señalamos en el capítulo 8, algunas mujeres presentan dolor durante la penetración porque los músculos vaginales se han tensado tanto, que el conducto es muy estrecho para que el pene se introduzca con facilidad. El vaginismo involucra una contracción involuntaria de los músculos vaginales, y algunas de estas mujeres no pueden utilizar ni siquiera tapones. La Dra. Helen Singer Kaplan ha elaborado un método mediante el cual el hombre puede ayudar a una mujer que padece este problema. Debe pasar mucho tiempo besándola, acariciándola, tocando todo su cuerpo, consintiéndola y haciéndola sentir tan sexualmente excitada como él sepa. Cuando parezca que ella está excitada, él debe intentar insertar su dedo meñique en su vagina, usando un buen lubricante si así se requiere. Tal vez no funcione la primera vez que lo intente y quizá lleve semanas o inclusive un par de meses, pero finalmente él podrá introducir su dedo meñique en la vagina de su pareja sin que ésta experimente dolor o presión.

El hombre debe practicar este proceso los días subsecuentes hasta que pueda introducir su pulgar y posteriormente dos dedos. (¡Asegúrese de mantener sus uñas cortas y limpias!) Para entonces, ella tal vez esté lo suficientemente relajada para que él intente penetrarla con el pene.

Pero si esa sesión no funciona y él no puede introducir el pene, no piense que esto ha sido un fracaso. Repita el proceso, incrementando la penetración de un dedo meñique a dos dedos y asegurándose siempre de que hay suficiente lubricación. A la larga, con suficiente paciencia, amor y sensibilidad a las respuestas de la mujer —además de seguir practicando los ejercicios de relajamiento que hemos mencionado en este libro—, ésta superará el vaginismo y logrará realizar el coito.

Algunos terapeutas sexuales recomiendan el uso de dilatadores para relajar los músculos vaginales (ver capítulo 8). Nosotros normalmente no lo hacemos. Creemos que si una mujer tiene una pareja, puede lograr mucho al superar este problema en una relación mutuamente satisfactoria y sin la ayuda de aparatos artificiales. Si una mujer no tiene una pareja que le ayude, entonces puede emplear los dilatadores como lo explicamos en el capítulo 8. Aunque nosotros pensamos que el contacto humano es mejor, si su ginecólogo le recomienda los dilatadores, y si usted y su pareja los prefieren en lugar de utilizar el método de los dedos, no deje de usarlos. Algunas parejas inclusive pueden encontrar su uso sexualmente excitante.

Algunas veces, todo este esfuerzo amoroso del hombre por ayudar a su pareja a superar este problema, irónicamente crea nuevos problemas. Una pareja en tratamiento acudió al consultorio, y el esposo dijo: "Dra. Ruth, hicimos las cosas exactamente como nos las indicó y su aparato fue absolutamente maravilloso. Pero ahora tenemos otro problema. Desde la última vez que la vimos, yo podía introducir con facilidad dos dedos en la vagina de mi esposa. Aunque ella sentía una ligera presión, decía que era agradable. Los dos estábamos muy excitados. Me puse sobre ella y justo cuanto estaba por introducirle mi pene, ¡perdí mi erección! Esto no me había sucedido nunca al estar sexualmente excitado. Anoche lo intentamos otra vez y realizamos todo el proceso. En el momento en que iba a penetrarla, eyaculé sin que mi pene pudiera entrar en su vagina. Esto tampoco me había sucedido antes, a menos de que mi esposa hubiera estado estimulando mi pene. ¿Qué me sucede?

Aunque obviamente estaba alterado y preocupado, el consejo que le di fue simple: "¡no se preocupe por eso!" Esto le sucede a algunos hombres. Han estado tan concentrados por tanto tiempo en excitar sexualmente a su pareja, que pierden la noción de su propio grado de excitación (o carecen de ella) en el momento crítico. Esto es particularmente cierto en los hombres que piensan demasiado durante el proceso amoroso en vez de dejarse llevar por sus sentimientos. Por supuesto, esto no le sucede a todos los hombres mientras tratan de ayudar a su pareja; pero si usted es uno de ellos, no se preocupe en extremo. Sólo váyase a dormir e inténtelo a la mañana siguiente o cuando sea. Es obvio que como la mujer estaba muy excitada en el momento en que esto sucedió, él aún podía llevarla al orgasmo con los dedos, la boca o de cualquier otra manera placentera para ella, incluyendo el uso de un vibrador. Así, antes de irse a dormir, llévela al orgasmo e inténtelo al día siguiente. Su problema se relaciona claramente con su preocupación por ayudar a su pareja y es muy poco probable que estas dificultades sean señal de un futuro problema crónico.

No podemos valorar la importancia de la paciencia que debe tener tanto el hombre como la mujer, ya que superar el vaginismo en ocasiones requiera más tiempo del que podríamos esperar. Pero insista. Una vez que haya penetración de los dedos o del pene, ya no debe haber ningún dolor o molestia para la mujer. Si aún existe dolor o molestia, no deje de regresar al ginecólogo.

Una vez tuvimos como pacientes a una pareja que había estado felizmente casada durante años. Cuando tenían relaciones sexuales, él frotaba su pene contra el abdomen de su mujer y eyaculaba; después él le provocaba el orgasmo manualmente. En realidad nunca habían consumado la penetración en su matrimonio. La mujer deseaba embarazarse, pero sabía que él debía eyacular en su interior para que tuviera lugar la fertilización. Aun cuando la mujer experimentaba orgasmos, el vaginismo no permitía que el pene penetrara. Los orgasmos regulares no implican que los músculos vaginales se relajen lo suficiente para la penetración. En su caso, después de una terapia sexual, la naturaleza retomó su curso. Su marido pudo introducirle el pene y nueve meses más tarde ella dio a luz a un hijo sano.

Eyaculación prematura

En el último capítulo discutimos las diferentes maneras y técnicas que un hombre debe utilizar para aprender a *controlar* su eyaculación, de modo que suceda cuando *él* lo desee y no en otro momento. No nos agrada la expresión de "retardar la eyaculación" (aunque la mayoría de los terapeutas emplea esta expresión), porque con mucha frecuencia se adquiere la noción de que existe un momento "natural" para que la eyaculación tenga lugar. Entonces el hombre piensa que debe recurrir al uso de artificios como pensar en el pago de impuestos para engañar a la madre naturaleza. Esto puede ser una manera muy destructiva de considerar la situación.

Preferimos considerar el problema de la eyaculación prematura como una *dificultad* de aprendizaje. Sólo rara vez encontramos una situación en la que la eyaculación prematura se deba a algún problema emocional o siquiátrico hondamente arraigado. Por supuesto, muchos hombres están muy perturbados por este problema, el cual puede tener un impacto emocional sobre el hombre o la pareja. No obstante, la solución del problema es, por mucho, una cuestión de aprendizaje. En este capítulo planteamos la manera en que un hombre puede recibir ayuda de su pareja para aprender estas nuevas respuestas y superar el problema de eyaculación prematura.

Si un hombre sufre este problema no está viviendo una relación amorosa, es muy importante que lleve a la práctica las sugerencias que planteamos en el capítulo anterior, trabajando por sí mismo durante algunas semanas antes de intentar practicar estas técnicas con una pareja. Es de fundamental importancia evitar el coito durante este periodo si el hombre cuenta con una relación amorosa permanente. Necesita el máximo de oportunidades para reconocer por sí mismo —sin la distracción de una pareja sexual casual— esas sensaciones premonitorias que experimenta justo antes del orgasmo y la eyaculación.

Durante estas semanas, aunque él pueda brindar a su pareja tantos orgasmos manuales u orales como ésta requiera, sería aconsejable que se concentrara sólo en su aprendizaje. A pesar de tener que aprender por sí solo a mantener este control, es importante que su pareja no se frustre, lo rechace o abandone. Por tanto, la pareja debe estar de acuerdo en que después de que él practique sus ejercicios de autoestimulación, aun cuando culmine con la eyaculación, sólo le brindará placer y la estimulará hasta el orgasmo, sin copular. Es importante que él satisfaga a su pareja *después, no antes o durante sus importantes ejercicios de autoestimulación.* Al transcurrir algunas semanas, de los ejercicios de autoestimulación pueden pasar a los ejercicios orientados a la pareja, si es que el hombre ya es capaz de retener su eyaculación durante un periodo razonable de tiempo. Si no lo ha logrado por él mismo, es poco lógico que trate de hacerlo con una pareja casual. No obstante, casi todos los hombres pueden aprender a controlar el momento de la eyaculación mediante la técnica de "detenerse y continuar" que mencionamos en el capítulo anterior.

Ahora, si la pareja participa de la terapia o si un hombre tiene una relación amorosa estable, la situación es un poco distinta. En tal caso, podemos olvidarnos de los ejercicios de erotismo individual y contar desde el inicio con la ayuda de su esposa o amante. Aunque un hombre se sienta muy cómodo con su pareja, tal vez desee intentar aprender por sí mismo este proceso de autocontrol. Una vez más: no debe practicarse el coito durante estas sesiones de aprendizaje.

¡Comencemos! La pareja debe encontrarse en un lugar cómodo y seguro, donde no sea interrumpida o distraída por los niños, el teléfono, el perro queriendo salir a pasear o cosas por el estilo. Una vez acondicionados, la mujer debe comenzar por brindarle una estimulación sexual apacible. Una estimulación intensa, como el sexo oral, puede impedirle que reconozca las sensaciones premonitorias. Es decir, si la estimulación es muy fuerte, la etapa premonitoria puede transcurrir tan rápidamente que él no pueda decidir cuándo detener la estimulación. Cualquier eyaculación prematura durante estas sesiones sólo reforzará su creencia de que es incapaz de controlarse. La pareja debe actuar con tranquilidad en estos ejercicios, recordando que ella no está tratando de ser tan sexy o hábil como puede ser una amante, sino alguien acorde con el proceso de aprendizaje del hombre. Su esposo está desarrollando un nuevo patrón de respuesta a la estimulación, un patrón en el que él es capaz de controlarse.

La esposa o amante también debe concentrarse en lo que está haciendo, porque una vez que él dice "detente", ella debe parar su estimulación instantáneamente. Si ella está pensando en algo más o teniendo fantasías, tal vez no se pueda detener en el momento correcto. La mujer debe excitar a su pareja sólo lo necesario para que él mantenga su erección. Ella debe estar alerta para hacer exactamente lo que él le dice. Por lo regular, ésta no es una experiencia erótica para una mujer. En realidad, es una experiencia de ayuda que permitirá que el hombre reconozca sus sensaciones premonitorias, así como para discutir acerca de dichas sensaciones. El papel de la mujer es ayudar al hombre a fin de que él tenga una mayor conciencia de estas sensaciones al intentar expresarlas cada vez que le pida a su pareja que se detenga, pero en las primeras etapas de estos ejercicios le sería de utilidad concentrarse en el autoconocimiento y el autoanálisis.

El hombre puede perder la dureza de su erección al solicitar a su pareja que detenga la estimulación. Esto es algo natural en algunos hombres, particularmente a mayor edad, pero no hay nada de que preocuparse. Tan sólo significa que su pareja necesitará estimular su pene un poco más antes de que su erección recupere la firmeza y él pueda alcanzar el punto justo antes del momento inevitable. Una vez más, el hombre debe pedir a su pareja que se detenga en cuanto se dé cuenta de que está alcanzando ese punto, y ella debe hacerlo de inmediato. Para refrescarle la memoria: el momento justo antes de la eyaculación es el punto en que el orgasmo está comenzando. Cuando él aprende a reconocerlo a tiempo y la estimulación se interrumpe inmediatamente, la eyaculación no ocurrirá.

¿Cuál es la razón por la que muchos hombres parecen ignorar la existencia de esta demora momentánea entre el inicio de la sensación orgásmica y su incremento durante la eyaculación? No es muy difícil de comprender. Para muchos hombres, el orgasmo es el objetivo de su actividad sexual, no las sensaciones que se experimentan en su proceso. A estos hombres nunca se les enseñó cómo ser sensibles a las diversas etapas del orgasmo y en gran medida desconocen que aún hay tiempo para controlar el proceso. Estos ejercicios son un proceso de aprendizaje y la mayoría de los hombres no dominarán esta nueva habilidad de autocontrol en sólo una o dos sesiones. Cuando el hombre eyacula sin la intención de hacerlo, pregúntele qué sintió justo antes del inicio de la etapa orgásmica. Torne el más mínimo fracaso en una gran lección, de manera que la siguiente ocasión él pueda reconocer mejor estas sensaciones.

¿Cuántas veces se deben practicar estos ejercicios antes de que el hombre intente controlar su eyaculación durante el coito? Es difícil generalizarlo; como mínimo debe tener tres sesiones exitosas de estos ejercicios. Al final de cada sesión exitosa, el hombre debe lograr su eyaculación total cuando *decida que es el momento correcto*. Estas eyaculaciones aún deben efectuarse fuera de la vagina, con la estimulación previa por parte de la pareja. Y el hombre no debe olvidar brindar a su esposa placer y orgasmos especiales para recompensarla por su paciencia y esfuerzo.

Después de que el hombre sienta que es capaz de controlar su eyaculación, estará preparado para intentar mantener este control durante el coito. Primero, la mujer debe estar física y sicológicamente preparada para que nada interfiera con la concentración del hombre. El no tendrá la seguridad para aplicar este proceso de aprendizaje si su esposa o amante se siente incómoda durante el coito.

Para estos ejercicios, la mujer debe encontrarse sobre el hombre, moviéndose hacia arriba y hacia abajo mientras que su pareja yace recostada pasivamente. Con menos esfuerzo físico, él tiene el máximo de oportunidad de concentrarse en las sensaciones preorgásmicas. En cuanto él perciba las sensaciones premonitorias, debe solicitar a su pareja que detenga sus movimientos hasta que él ya no sienta necesidad de eyacular. Debe mantener su pene dentro de la vagina de su pareja durante esta pausa y pronto podrá continuar recibiendo sus movimientos estimulantes. Después de llevar algunas veces a la práctica esta técnica de "detenerse y continuar", él puede decidir *cuándo* eyacular y debe pedir a su pareja que continúe la estimulación hasta alcanzar el clímax total. En el intervalo, la mujer debe concentrarse en ayudar a su esposo o pareja a adquirir este control más que tratar de lograr el orgasmo mediante sus movimientos. Después de que él ha concluido su orgasmo, debe llevar a su pareja al clímax manual u oralmente. Durante estas sesiones, el hombre no debe tratar de brindar placer a su pareja antes de que él haya alcanzado el orgasmo, porque esto puede representarle una distracción para reconocer las sensaciones premonitorias.

Una conclusión a la antigua

En una época en que mucha gente no vive una relación sexual estable, es nuestro deseo que se aprenda cómo ser una pareja sexual óptima. Deseamos fervientemente que esta capacidad sexual se desarrolle en el marco de una relación estable, como el matrimonio. No sólo estamos considerando los riesgos de enfermedad o inconformidad sicológica con la soledad, sino también las anticuadas y duraderas necesidades de amor, seguridad emocional y familia. El mito del soltero alegre que tiene la vida sexual más fantástica es precisamente eso: un mito.

Sólo en una relación estable, la gente tiene las oportunidades óptimas y la seguridad emocional para desarrollar verdaderamente sus habilidades y placeres sexuales. Sólo una pareja sólida puede ayudarse mutuamente para alcanzar el máximo de estimulación y satisfacción erótica.

Nunca olvide que la mejor actividad sexual resulta de un proceso de aprendizaje de por vida. La gente se transforma y crece, y las relaciones entre el amor, el afecto, la sensualidad y el erotismo cambian en las diferentes edades y etapas de la vida. Si se preocupa por tener el máximo de placer erótico y desea trabajar en este proceso de aprendizaje, su vida sexual puede ser cada vez mejor conforme usted es mayor. Y entre mayor sea, mejor amante será. ¡Continúe aprendiendo y amando!

Esta edición se imprimió en Agosto de 2002. Gpo Litográfico Metropolitana, S.A. de C.V., Distrito Industrial Reynosa No. 25, México, D.F. 04410